낭송

세
종
실
록

낭송Q시리즈 조선왕조실록편 **낭송 세종실록**

발행일 초판5쇄 2021년 6월 28일(辛丑年 甲午月 丁未日) | **풀어 읽은이** 홍세미
펴낸곳 북드라망 | **펴낸이** 김현경 | **주소** 서울시 종로구 사직로8길 24 1221호(내수동, 경희궁의아침 2단지) |
전화 02-739-9918 | **이메일** bookdramang@gmail.com

ISBN 979-11-86851-65-4 04910 979-11-86851-62-3(세트) | 이 도서의 국립중앙도서관 출판시도서목
록(CIP)은 서지정보유통지원시스템 홈페이지(http://seoji.nl.go.kr)와 국가자료공동목록시스템(http://
www.nl.go.kr/kolisnet)에서 이용하실 수 있습니다.(CIP제어번호: CIP2017026214) | 이 책은 지은이와
북드라망의 독점계약에 의해 출간되었으므로 무단전재와 무단복제를 금합니다. 잘못 만들어진 책은 서점에
서 바꿔 드립니다.

책으로 여는 지혜의 인드라망, 북드라망 **www.bookdramang.com**

世宗實錄

낭송Q
시리즈

조선왕조실록편

03

낭송
세 종 실 록

홍세미
풀어
읽음

티

▶낭송Q시리즈 조선왕조실록편 『낭송 세종실록』 사용설명서◀

1. '낭송Q'시리즈의 '낭송Q'는 '낭송의 달인 호모 큐라스'의 약자입니다. '큐라스'(curas)는 '케어'(care)의 어원인 라틴어로 배려, 보살핌, 관리, 집필, 치유 등의 뜻이 있습니다. '호모 큐라스'는 고전평론가 고미숙이 만든 조어로, 자기배려를 하는 사람, 즉 자신의 욕망과 호흡의 불균형을 조절하는 능력을 지닌 사람을 뜻하며, 낭송의 달인이 호모 큐라스인 까닭은 고전을 낭송함으로써 내 몸과 우주가 감응하게 하는 것이야말로 최고의 양생법이자, 자기배려이기 때문입니다(낭송의 인문학적 배경에 대해 더 궁금하신 분들은 고미숙의 『낭송의 달인 호모 큐라스』를 참고해 주십시오).

2. 낭송Q시리즈는 '낭송'을 위한 책입니다. 따라서 이 책은 꼭 소리 내어 읽어 주시고, 나아가 짧은 구절이라도 암송해 보실 때 더욱 빛을 발합니다. 머리와 입이 하나가 되어 책이 없어도 내 몸 안에서 소리가 흘러나오는 것, 그것이 바로 낭송입니다. 이를 위해 낭송Q시리즈의 책들은 모두 수십 개의 짧은 장들로 이루어져 있습니다. 암송에 도전해 볼 수 있는 분량들로 나누어 각 고전의 맛을 머리로, 몸으로 느낄 수 있도록 각 책의 '풀어 읽은이'들이 고심했습니다.

3. 최고의 양생법이자 새로운 독서법으로서의 '낭송'을 처음 세상에 알린 **낭송Q시리즈의 시즌 1**은 **동청룡·남주작·서백호·북현무편**으로 이루어져 있으며, 사계절의 기운을 담고 있는 것을 특징으로 합니다. 동청룡편에는 봄의 창조적 기운, 남주작편에는 여름의 발산력과 화려함, 서백호편에는 가을의 결단력, 북현무편에는 지혜와 상상력을 키울 수 있는 고요함을 품은 고전들이 속해 있습니다. 각 편 서두에는 판소리계 소설을, 마무리에는 네 편으로 나눈 『동의보감』을 하나씩 넣었고, 그 사이에 유교와 불교의 경전, 동아시아 최고의 명문장들을 배열했습니다.

▷ 동청룡: 『낭송 춘향전』, 『낭송 논어/맹자』, 『낭송 아함경』, 『낭송 열자』, 『낭송 열하일기』, 『낭송 전습록』, 『낭송 동의보감 내경편』

▷ 남주작: 『낭송 변강쇠가/적벽가』, 『낭송 금강경 외』, 『낭송 삼국지』, 『낭송 장자』, 『낭송 주자어류』, 『낭송 홍루몽』, 『낭송 동의보감 외형편』

▷ 서백호 : 『낭송 흥보전』, 『낭송 서유기』, 『낭송 선어록』, 『낭송 손자병법/오자병법』, 『낭송 이옥』, 『낭송 한비자』, 『낭송 동의보감 잡병편 (1)』

▷ 북현무 : 『낭송 토끼전/심청전』, 『낭송 도덕경/계사전』, 『낭송 대승기신론』, 『낭송 동의수세보원』, 『낭송 사기열전』, 『낭송 18세기 소품문』, 『낭송 동의보감 잡병편 (2)』

4. **낭송Q시리즈 시즌 2**는 고전과 몸 그리고 일상이 조화를 이루는 훈련으로서의 낭송에 초점을 맞추었습니다. **샛별편**에는 전통시대의 초학자들이 제일 먼저 배우며 가장 오래도록 몸과 마음에 새겨 놓은 고전을 담았고, **원문으로 읽는 디딤돌편**은 몸으로 원문의 리듬을 익혀 동양 고전과 자유자재로 접속할 수 있는 힘을 키울 수 있도록 했습니다. 또 **민담·설화편**은 입에서 입으로 전해지는 낭송의 진수를 보여 주는 우리나라 각 지역의 옛날이야기들을 모았으며, **여행기편**은 근대 이전 여행의 기록들을 낭송에 맞게 새롭게 엮었습니다.

▷ 샛별편 : 『낭송 천자문/추구』, 『낭송 명심보감』, 『낭송 격몽요결』, 『낭송 사자소학』

▷ 원문으로 읽는 디딤돌편 : 『낭송 대학/중용』, 『낭송 주역』, 『낭송 논어』

▷ 민담·설화편 : 『낭송 강원도의 옛이야기』, 『낭송 경기도의 옛이야기』, 『낭송 경상북도의 옛이야기』, 『낭송 경상남도의 옛이야기』, 『낭송 서울북부 및 인천의 옛이야기』, 『낭송 전라남도의 옛이야기』, 『낭송 전라북도의 옛이야기』, 『낭송 제주도의 옛이야기』, 『낭송 충청남도의 옛이야기』, 『낭송 충청북도의 옛이야기』

▷ 여행기편 : 『낭송 18세기 연행록』, 『낭송 19세기 연행록』

5. 낭송Q시리즈 조선왕조실록편은 조선 태조로부터 철종에 이르기까지 25대 472년간의 역사를 연월일 순서에 따라 편년체로 기록한 조선왕조실록을 낭송에 맞게 새롭게 엮었습니다. 낭송을 통해 역사 속 인물과 당대의 일상이 생생하게 살아 있는 역사 현장을 경험하게 되었으면 하는 바람을 조선왕조실록편에 담았습니다. 먼저 『낭송 태조실록』, 『낭송 태종실록』, 『낭송 세종실록』, 『낭송 성종실록』을 선보입니다.

6. 낭송Q시리즈 조선왕조실록편인 이 책 『낭송 세종실록』은 조선의 4대왕 세종이 재위한 1418년 8월부터 1450년 2월까지 31년간의 국정 전반에 관한 역사가 담긴 『세종실록』을 풀어 읽은이가 그 편제를 새롭게 해서 각색하고 엮은 것입니다.

朝鮮王朝實錄

世宗實錄

朝鮮王朝實錄

낭송
세종실록

머리말

낭송 세종실록

이야기 보물창고,

1. 사건과 인물들로 가득한 이야기책, 조선왕조실록

나는 인권기록활동가다. 서울에 대한 이야기를 모으고, 동네 할머니에게서 50, 60년대 여성의 이야기도 길어 올린다. 20년 전 삼풍백화점 참사를 기억하는 사람들을 만나고, 10년 전 평택 대추리를 지켰던 사람들을 찾아간다. 이렇게 사람들을 찾아다니며 함께 기억해야 할 이야기를 모으는 것이 나의 일이다. 기록될 기회를 갖지 못하는 보통 사람의 이야기에서 역사를 발견하는 이 일을 좋아한다.

4년 전, 인문학공동체 감이당 홈페이지에서 '조선왕조실록 읽기 세미나' 공지를 보았다. 이야기를 좋아하는 나는 실록 세미나 공지를 보고 단번에 끌렸다. 600년 전 기록이라니, 당시의 기록을 빼놓지 않고 다 본다니, 그것이 비록 힘 있는 자, 왕의 기록이라 하더라도 읽어 보고 싶었다. 하지만 역사는 잘 모르고, 한자는 더 모르는데…. 게다가 양이 방대하여 매주 읽는다면 30년이 걸린다는데… 내가 할 수 있을까? 사실 첫 해에는 좀 고생을 했다. 실록은 다행히 번역이 되어 있었지만 한자어가 많이 섞여 있었고, 어투도 낯설어 잘 읽히지 않았다. 매주 읽어 가야 하는 A4 200여 장 정도의 분량도 버거웠다. 그러나 1년쯤 버티자 단어나 문장에 익숙해졌고 매주 사극이 펼쳐졌다.

조선왕조실록에는 왕과 신하들이 했던 말들이, 당시의 정치적·경제적·사회적 상황이 그대로 실려 있다. 하루하루의 기록을 읽어 가며 드라마로 배운 왜곡된 역사가 바로잡혔고, 교과서로 주입된 역사 인물들이 생생해졌다. 실록은 시대 기록이면서 왕의 생애 기록이기도 하다. 몰랐던 시대상을 알아가는 것도 흥미로웠지만, 한 인물의 생애 기록을 읽으면서 그의 변화를 발견할 때 길고 긴 실록 읽어 가는 보람을 느꼈다.

청년 세종은 아버지 아래에서 기를 못 펴는 유약한 왕으로 읽혔다. 하지만 기사를 읽어 가다 보면 자신이 바꿀 수 없는 상황에서 최대한 할 수 있는 일을 찾아 꿋꿋이 실행하는 그의 모습이 차곡차곡 발견된다. 유약한 느낌은 담대하다는 평으로 변했다. 장년 세종을 대표하는 단어는 경청이다. 하지만 기사를 읽다 보면 신하들의 말을 지나치게 다 들어주는 건 아닌지, 답답하다고 느껴질 때가 많았다. 그러나 묘하게 균형을 타며 자신의 입장과 신하의 의견을 조율해 가는 그의 모습이 곧 드러나니, 답답함은 유연하다는 평으로 바뀌었다(곰과인 줄 알았는데 여우과였어!).

세종을 생각하면 빛나는 업적들이 먼저 떠오르지만, 사실 그의 개인사는 빛보다 그늘이 많다. 노년의 세종은 아픈 몸 때문인지 전에 보이지 않게 까칠하기도 하고 종종 고집스러운 모습을 보이는데, 거기에다 슬픈 사건이 끊이지 않고 그의 말년을 덮쳐 안타까웠다. 세종 한 사람의 생애 이야기뿐이 아니다. 실록에는 우리가 몰랐던 인물들과 시대의 이야기가 가득하다.

2. 워크홀릭 왕, 세종

『세종실록』은 세종의 즉위년(1418년) 8월부터 세종 32년(1450년) 2월에 승하하기까지의 역사를 기록한 책이다. 매일의 기사를 2~3개월씩 묶어서 책으로 편찬한 32년간의 기록이 127권에 이른다. 『세종실록』이 다른 왕들의 기록과 다른 점은 기사 외에 부록이 있다는 것이다. 128권부터 135권까지는 『오례』五禮로 조선왕조의 국가의례를 담았고, 136권부터 147권까지는 『악보』樂譜로 궁중 음악을 기록했다. 148권부터 155권까지는 『지리지』地理志고, 156권부터 163권까지는 『칠정산七政算 내외편』으로 천문을 연구한 역법을 다루었다. 발명과 창제를 대표하는 왕답게 실록의 4분의 1이 연구의 산물이다. 이 가운데 이 책에서 다루는 내용은 편년체로 엮은 127권의 기록이다.

　『세종실록』을 읽으며 새롭게 발견한 사실이 있다. 바로 세종이 태평성대의 군주가 아니라는 점이다. 우리는 '태평성대'를 전쟁과 재난이 없는 시대라고, 입고 먹을 걱정 없이 평안한 시대라고 생각한다. 하지만 나는 『세종실록』에서 '백성이 배부르게 먹었다', '풍년이 들었다', '세종이 잔치를 벌였다'라는 기사를 거의 본 적이 없다. 당시는 왜구와 야인(여진족)들이 국경과 해안을 제멋대로 침략하여 백성을 살해하고, 아버지와 아들을 잡아가고 그 집에 불을 질러 고아와 과부가 바다를 바라보고 우는 일이 매해 거듭되었다. 게다가 가뭄과 홍수로 흉작이 아닌 해가 없었으며 창고는 거의 비어 백성을 구휼하기 어려웠다.[*]

　게다가 세종은 준비되지 않은 왕이었다. 조선의 세자는 왕이 되기 위해 필요한 교육을 체계적으로 받는다. 하지만 세종이 세자로서 보낸 기간은 고작 두 달. 왕으로서의 교육을 받기엔 부족해도 너무 부족한 시간이었다. 세종은 단지 열심히 하는 수밖에 없었다. 경서는 100번씩, 역사서는 30번씩 읽었다. 어느 책이든 온전히 이해될 때까지 읽는 것이 그의 독서법이었다. 물론 천성이기도 했다. 세종은 공부 덕후였다. 대군시절에도 책읽기를 너무 좋아하여 눈병이 날 지경이었다. 또 어떤 주제에 꽂히면 성과를 얻어 낼 때까지 지치지 않는 집중력도 갖추었다. 워크홀릭왕 세종은 낮에는 시간 단위로 정사를 보고 경연을 했고, 시간이

[*] 박현모, 『세종, 실록 밖으로 행차하다』, 푸른역사, 2007, 26쪽 참고.

없어 읽지 못한 서책은 밤을 빌렸다. 결국 세종은 마흔의 젊은 나이에 점점 시력을 잃어 한걸음 앞에 있는 사람의 형체도 알아보지 못하는 지경이 된다.

세종 5년 2월 21일 왜인 24명이 처자를 거느리고 도망을 와서 귀화를 청한다. "우리 섬은 농토는 적은데 부세가 과중하여 생계가 매우 어렵습니다. 조선의 임금이 인정仁政을 시행한다는 말을 들었습니다. 성덕盛德을 우러러 사모하여 귀화해서 직업을 얻어 편안히 살고 싶습니다." 세종 치세 5년 만에 그의 덕은 주변국에 알려졌다. 당시 조선은 가뭄이 이어지고 화재가 빈번해 굶어 죽는 백성이 너무 많았다. 결코 살기 좋은 땅이 아니었다. 그런데도 왜인뿐 아니라 변경의 야인들까지 가족을 데리고 귀화를 청하는 이가 점점 많아졌다. 이유가 무엇일까. 한 번도 태평성대인 적이 없던 그때를 태평성대로 기억하게 하는 이야기들을 『세종실록』에서 만나 보자.

3. 『낭송 세종실록』의 구성

1부에는 힘들게 살아가는 당시 백성들의 모습과 백성을 생각하는 세종을 담았다. 당시 조선은 가뭄과 물난리의 연속이었다. 세종은 굶주리는 백성과 고통을 나누기 위해 정전正殿에 기거하지 않고 초가로 별실을 지어 2년이 넘게 기거하는가 하면, 지방으로 발령받아 가는 수령은 꼭 친히 대면하여 백성들을 잘 구휼하라 몇 번이고 당부를 한다. 일반 백성뿐이 아니다. 노비나 노인들, 장애인들, 그리고 죄인들의 삶도 거듭 살폈다. 죄인에게 한 대의 매를 때리더라도 법조문에 따라 시행하라고 일렀고, 감옥의 죄수들 역시 병들지 않게 배려했다. 지금과 비교해도 세종의 복지정책은 뒤지지 않는다. 관노비들에게 출산휴가를 넉 달이나 주고, 남편에게 육아휴직을 따로 주는 것은 지금 시대에도 파격적이다. 노인과 불구자를 위한 시정(자식에게 부역 대신 아버지를 부양하게 하는 것)은 지금의 장애인활동보조인 서비스를 떠올리게 한다. 세종이 백성을 보살피는 이야기는 내용이 너무 많고 반복되어 나중에는 세미나 발제에서 빼 버릴 정도였다. 그런데 낭송집에서 가장 구성하기 어려웠던 장이 바로 1부였다. 사실 애민하는 세종의 모습은 따로 구성할 필요 없이 이 책의 전체라고 해도 무방하다. 2부의 공부도 어떻게 하면 백성들을 더 잘 다스릴 수 있을까 하는 고민이 그 바탕이고, 3부의 발명들도 백성들이 굶주리지 않게 하기 위한 고민이 그 시작이다. 세종이 한 일은 모두 조선을, 백성을 잘 다스리기 위한 것이었다.

2부에는 세종의 기반을 담았다. 바로 '공부'와 '사람'이다. 태종의 맏아들 양녕이 거듭된 기행으로 내쳐지면서 셋째 충녕은 갑작스레 왕위에 오르게 된다. 하지만 태종은 상왕이 되어서도 병권을 쥐고 있었고 중요한 일은 직접 결정을 내렸다. 아버지 그늘 아래 있었던 4년 동안, 세종은 자신의 조선을 만들기 위한 준비를 했다. 모르는 것은 공부하고, 부족한 부분은 사람에게서 채웠다. 집현전을 꾸려 인재를 모으고, 그 인재에게 경륜을 수혈받고, 경연을 열어 부족한 경험을 채웠다. 3부에서 이루어지는 세종시대의 온갖 업적을 위해 2부의 공부와 사람이 반드시 필요했다. 세종은 공부로 구상을 하고, 구상한 것을 실제로 만들어 냈다. 물론 이는 세종 한 사람의 힘으로 이루어지지 않았다. 세종은 인재에 대한 욕심이 많은 왕이었다. 문관 박연에게 조선의 음을 찾고 악기를 만들게 하고, 노비 출신 장영실과 무관 이천을 발굴하여 함께 천문에 관련된 온갖 것들을 발명해 낸다. 재주가 있다고 생각되면 허물이 있어도 거듭 등용하고, 나이 들어 쉬겠다고 사직을 청하는 노신들을 죽기 직전까지 부렸다. 백성들에게는 애민하는 왕이었을지 몰라도, 신하들에게는 모진 상관이었다.

  3부는 우리에게 가장 익숙한 내용들이다. 우리가 교과서에서 배웠던 세종시대 업적에 대한 이야기들이기 때문이다. 읽다 보면 우리가 한 단어의 고유명사로 간단히 알고 있던 일이 이루어지기까지 이렇게 많은 과정을 거쳤다는 데 새삼 놀라게 될 것이다. 또 3부에서는 세종의 업무 스타일을 압축적으로 볼 수 있기도 하다. 세종은 먼저 독서를 통해 구상을 하고, 구상한 것을 경연을 통해 신하들과 토론을 한 후 반드시 옛 자료를 찾고 정리하여 한 권의 책으로 만든다. 그리고 백성의 삶에서 활용을 해보고, 부족한 점을 보완한다. 마지막으로 많은 사람들이 접할 수 있게 인쇄하여 반포한다. 조선의 음악도, 천문관측도, 농업도, 의학도 모두 같은 과정을 통해 기틀을 마련했다. 신생국가 조선의 기준은 이렇게 만들어졌다.

4부에는 세종의 인간적인 면모와 개인사를 담았다. 세종은 갑작스레 세자로 책봉되고 두 달 만에 왕위에 오른다. 경험 없음을 공부와 꼼꼼함으로 채우려 지독히 노력했던 그를 만나게 되길 바란다. 세종은 효자이기도 했지만 형제애도 깊은 왕이었다. 세종 일생의 골칫덩어리였던 첫째형님 양녕과 불심 깊은 둘째형님 효령의 이야기도 빼놓을 수 없다. 한편 그의 개인사는 기쁨보다 슬픔이 많다. 특히 임기 말은 슬픔과 아픔으로 가득하다. 믿음직한 아들들이 연이어 죽고, 평생의 반려자 중전도 그의 곁을 떠난다. 세자는 종기로 앓아눕는 일이 잦고, 어렵게 얻은 세자빈마저 어린 세손을 두고 죽는다. 그렇지 않아도 일중독으로 세종의 몸은 망가지지 않은 곳이 없었는데, 마음마저 쉴 틈 없는 나날들이 죽는 순간까지 이어진다.

5부에는 조선과 이웃나라의 이야기를 담았다. 조선은 당시 명나라의 제후국이었다. 왕위에 오를 때나 세자를 책봉하는 문제에서부터 때마다 빗발치는 그들의 요구를 모두 들어주어야 했다. 황제의 요구는 말, 소, 사냥할 매, 여인들, 거세한 환관까지 끝이 없었다. 더구나 황제의 명을 받들고 오는 조선 출신 사신들도 무뢰배들이어서 사욕을 마음껏 채우느라 사신이 통과하는 지역 백성들은 살 수가 없는 지경이었다. 이처럼 말도 안 되는 요구가 이어지지만 조선이 일방적으로 주기만 했던 것은 아니었다. 조선에 필요한 서책이나 약재를 요구하여 우리의 필요도 채운다. 당시 조선의 대외관계를 말하면 명나라와의 일이 가장 컸지만 그 외에 야인과 왜인의 이야기도 빼놓을 수 없다. 조선 초기 우호적이었지만 임기 내내 변방의 골칫거리였던 야인과 왜인의 이야기도 함께 실었다.

6부에는 우리가 몰랐던 조선의 풍경을 담고자 했다. 세종은 조선이라는 나라의 기틀을 완성한 왕이다. 제도와 법을 세우는 것은 물론 조선만의 문화를 만들어 나가는 때이기도 했다. 세종이 애민을 대표하는 왕이라고 흔히 이야기하지만, 실록을 살펴보니 차별이 더욱 심해진 때이기도 했다. 부민고소금지법으로 인해 상하의 구분은 더욱 심해졌고, 여성에 대한 차별 또한 강화되었다. 조선은 유교에 기반한 나라였고, 세종 또한 그런 나라를 바랐다. 하여 삼강오륜을 바로잡는다는 명목으로 『효행록』 등을 펴내어 여성의 절개를 장려하였다. 간통에 대한 부분도 마찬가지다. 『세종실록』에는 간통에 대한 기록이 212건으로 조선 초기 임금 중 가장 많다. 간통에 관한 기사에는 공통점이 있는데, 간통을 일으킨 주범은 대개 여성들이 되고, 형벌도 남성에 비할 수 없이 중하게 받는다는 것이다. 『세종실록』을 읽다 보면 남녀 문제를 처리하는 세종의 시각이 조금 달라지는 것을 알 수 있다. 임기 초반에는 간통한 여인의 목을 베는 등 형벌을 강하게 내리지만, 임기 중반을 넘어서면서 남녀의 일을 법으로 엄격히 처단하기는 어렵다고 판단하고 곤장이나 유배 정도의 형벌을 내린다. 이런 왕의 변화를 확인하는 것 또한 실록을 읽는 재미다.

이번 낭송집을 만들면서 신경을 쓴 것 중 하나는 『세종실록』에서 우리가 지금 쓰지 않는 말이나 어려운 단어는 가능한 한 쉬운 말로 바꾸는 것이었다. 그럼에도 여전히 어려운 한자구의 문장이 섞여 있는데, 이는 실록을 읽는 맛을 살리기 위해 독자들이 함께 알았으면 하는 단어는 바꾸지 않았기 때문이다. 이런 경우 맥락상 설명이 필요한 부분은 각주를 달았다. 실록을 읽는 데 작은 도움이라도 되었으면 한다.

그리고 이 책은 낭송집이지만 기본적으로 이야기책이다. 일단 당신이 드라마 덕후, 특히 사극 덕후라면 『낭송 세종실록』을 읽는 데 아주 유리하다. 원하는 대로 지금까지 드라마에서 세종을 맡았던 배우들—한석규나, 송중기, 김상경—중에서 원하는 배우를 세종으로 떠올려 보자(물론 자신이 좋아하는 다른 배우를 떠올려도 좋다). 다른 등장인물도 사극에서 봤을 법한 사람을 떠올려 역할을 주면 된다. 책을 펴고 머릿속으로 드라마를 펼쳐 본다. 그들의 힘을 빌려 대사를 해보자. 지문도 같이 읽어 보자. 어느새 당신은 조선시대 세종의 집무실에 있을 것이다. 세종의 마음으로 공부를 하고, 인재를 발굴해 보라. 비록 내 몸이 공부 고자일지언정 이 순간만큼은 세종처럼 공부 덕후가 되어 보는 것이다.

끝으로 우응순, 길진숙, 박장금 선생님께 감사드린다. 우응순 선생님과 박장금 선생님께서는 힘들 때마다 따뜻한 위로를 해주셨고 기운을 북돋아 주셨다. 그리고 길진숙 선생님께서는 짧지 않은 기간 동안 함께 한문을 풀어 주셨고 문장도 봐주셨다. 역사와 한자에 서툰 내가 절대 찾을 수 없었던 문장 안에 숨겨진 고사도 말씀해 주셨다. 정말 감사드린다. 그리고 4년째 매주 월요일을 함께 보내고 있는 실록 세미나 멤버들, 함께 읽어 준 감이당과 남산강학원 동학들, 그리고 가족에게 감사드린다.

一 · 백성이 하늘이다

1-1. 기근 구제가 우선이다

굶주리는 백성들

올해 평안도·함길도·강원도·황해도에 극심한 가뭄이 들어 백성들이 굶주렸다. 전라도와 경상도에 풍년이 들었다는 말에 늙은이와 어린 아이를 이끌고 식량을 구하러 가는 사람들이 줄을 이었다. 거의 모든 서북 지방의 백성들이 먹을 것을 구하기 위해 전라도와 경상도로 옮겨 갔다. 감사監司: 관찰사. 지방의 장관와 수령이 그들의 이주를 금지해 달라고 청하였으나 임금이 듣지 않았다. 임금이 여러 도道에 진제소賑濟所: 흉년에 굶주린 백성들에게 음식이나 곡식을 제공하던 관청를 설치하여 백성을 구휼하고 그들이 가고자 하는 지역으로 가게 하였다. 하여 고향을 떠나 떠도는 백성이 많았지만 굶주려 죽는 사람은 적었다.

_ 세종 4년(1422, 임인) 윤12월 28일

함길도 화주和州에 흙이 있는데, 빛깔과 성질이 밀과 같았다. 굶주린 백성들이 이 흙으로 떡과 죽을 만들어 먹었다. 그렇게 만든 음식에서 메밀 맛이 났다고 한다.

_ 세종 5년(1423, 계묘) 3월 13일

백성과 고통을 함께하다

임금이 버려 둔 목재로 경회루 동쪽에 별실 두 칸을 짓게 하였다. 기와 대신 억새풀로 지붕을 덮고 주춧돌은 쓰지 못하게 하였다. 임금이 직접 모든 장식을 검소하게 하라고 명하였으며, 이날부터 정전正殿에 들지 않고 이 별실에서 기거하였다. 별실 지게문 밖에 짚으로 만든 자리를 보고 임금이 말하였다.

"내가 명한 것이 아닌데 어찌 이런 것을 만들었는가? 지금부터는 내가 명한 것이 아니면 비록 작은 물건이라도 안에 들이지 말라."

_ 세종 3년(1421, 신축) 5월 7일

의정부議政府와 육조六曹에서 문안하였다. 임금이 18일부터 열하루째 앉은 채로 밤을 새며 가뭄을 걱정하였다. 이 때문에 병이 났으나 다른 사람이 알지 못하게 하였다. 여러 대신이 알고 찾아

와서 고기 반찬 드시기를 청하였다.

_ 세종 7년(1425, 을사) 7월 28일

수령에게 하는 당부

이사맹李師孟이 충청도 도사都事: 감사를 보좌하던 관직로 임명을 받고
임금께 하직인사를 드렸다.

임금이 불러서 말하였다.

"최근에 한재旱災가 연이어 생겼다. 더구나 올해는 봄과 가을
모두 가물었기 때문에 내가 몹시 염려하고 있다. 그대는 마음을
다해 힘써 일하도록 하라."

이사맹이 대답하였다.

"신이 듣기로 충청도는 경기도처럼 심하지는 않다고 합니다.
성상께서 백성을 걱정하시는 뜻을 잘 알고 있는데 어찌 마음을
다하지 않겠습니까? 다만 한 가지 염려가 있습니다. 각 도의 감
사들이 진휼할 때 먼저 호조戶曹: 재화·경제에 관한 일을 맡아 보던 중앙관
청에 문서로 보고합니다. 그런데 호조에서 그 양을 줄여 지급하
는 까닭에 백성들에게 고루 미치지 못하거나 때를 놓칠 수 있습
니다."

이사맹의 말이 끝나기도 전에 임금이 말하였다.

"내가 이제 알았구나. 만약 긴급하게 구제할 일이 있으면 먼저 시행하고 나중에 아뢰도록 하라."

_ 세종 9년(1427, 정미) 7월 8일

임금이 호조에 명하였다.

"농사를 지을 때 일찍 논밭의 잡초를 매고 곡식 뿌리 주변에 흙을 북돋우어 놓으면, 비록 이른 가뭄이 오더라도 추수할 것이 있는 법이다. 그런데 백성들이 농사에 대한 지식이 없고 게을러서 가뭄의 조짐이 있는데도 서둘러 잡초를 매지 않는다. 때문에 잡초가 성하고 곡식 싹은 약하여 농사가 실패하게 되는 것이다. 이제부터는 만약 가뭄이 들 것 같거든, 수령이 직접 돌아다니면서 급히 김을 매고 흙을 북돋우기를 권하라."

_ 세종 14년(1432, 임자) 5월 25일

임금이 충청도에 기근이 심한 것을 염려하여 판중추원사判中樞院事 안순安純을 도순문진휼사都巡問賑恤使: 흉년 때 백성 구제를 위해 임시로 지방에 파견하던 벼슬아치로 삼고, 봉상소윤奉常少尹 변효문卞孝文을 종사관으로 삼아 사목事目: 일을 처리하는 방법을 내렸다.

"하나. 각 관청에서 마음을 다해 구휼하지 않으니 굶주린 백성들이 진제소에 오지 않는다. 설령 온 사람들이 있더라도 그들을 굶주려 죽게 했다는 죄를 면하려는 관원들이 이런저런 핑계로 그들을 돌려보낸다. 이 때문에 얼어 죽거나 굶어 죽는 자가 매우 많았다. 도내의 계수관界首官은 충청도 초면初面 등지에 따로 진제소를 설치하고 쌀죽과 황각채黃角菜: 회잎나물, 미역 등을 주도록 하라. 직책이 있는 자에게 그 일을 맡겨서 먹을 사람 수를 계산하여 적절히 쓰도록 하라. 또 중의 무리 가운데 자비심이 있는 자를 택해서 음식을 만들게 하고 아침저녁으로 굶주린 백성들을 진휼하게 하라. 그 중의 식량은 서울 안에서 진제하는 중의 예에 의거해서 주어라.

하나. 봄추위에 굶주린 백성이 얼어 죽을 염려가 있다. 사람 수에 따라 움집을 짓고 짚을 깔아라. 옷을 얇게 입은 자, 늙은이, 어린아이, 병이 있는 자들을 거처하게 하여 구료救療: 가난하여 병을 치료할 힘이 없는 사람을 구원하여 치료해 줌하라.

하나. 떠나간 사람의 집을 부숴 버리거나 혹은 그들이 심어 놓은 밀과 보리를 캐는 자가 있다. 이웃과 마을 사람들로 하여금 잘 간수하게 하라.

하나. 지방의 전세나 공물 징수를 담당하는 관리들이 마을 안에서 추위에 얼어 죽거나 굶어 죽은 자가 있는데도 수령에게 바로 고하지 않는다. 수령이 그 사실을 알게 되었다 하더라도 구휼할 시기를 놓쳐 생명을 잃게 된다. 한데 추핵을 당할까 염려하여 죄만 면하려고 숨기고 고하지 않으니 이 같은 관리들은 등급을 매겨 논죄하라. 수령이 관리들의 죄를 정한 다음 그 사연에 의거하여 직급을 낮추고, 흉년을 구제하는 데에 특별히 공을 이룬 자가 있으면 직급을 올려 주어라.

하나. 기근을 구제하는 것은 매우 긴급한 일이다. 혹 상황이 급박하면 먼저 시행한 뒤에 아뢰도록 하라."

_ 세종 19년(1437, 정사) 1월 13일

1-2. 기민 구호죽 레시피

일본통신사 윤인보尹仁甫·윤인소尹仁紹 등이 가뭄이 심할 때 구제할 방책을 아뢰었다.

"일본 사람들은 상시로 칡뿌리와 고사리뿌리를 먹습니다. 우리나라에서도 이것으로 흉년을 구제할 수 있을 것 같습니다."

임금이 그렇게 여겨서 윤인보를 경상도에, 윤인소를 전라도와 충청도에 보내어 그것을 캐어 먹는 방법을 가르치게 하였다.

_ 세종 18년(1436 병진) 12월 22일

의정부에서 호조에서 올린 바를 아뢰었다.

"『국조문류』國朝文類를 상고해 보았습니다. 호장유胡長孺가 지은 『하장자전』何長者傳에 이렇게 나와 있습니다. '장자長者의 이름은 경덕敬德이었다. 원元나라 대덕大德 11년1307년, 백성들이 큰 흉년을 당할 때 경덕이 항주杭州에 있었다. 그는 선한 일을 좋아했다. 보리사라는 절을 빌려 지혜로운 중과 일할 사람 6~7인, 굶주린 백성 중에서 튼튼한 사람 40~50인을 살게 하면서 기아에 허덕이는 백성들을 위해 죽을 쑤게 하였다.

  죽 만드는 법은 이러하였다. 먼저 밤중에 미리 죽을 쑤어서 큰 독에 넣어 식힌다. 이튿날 아침, 굶주린 백성들을 오는 순서대로 차례차례 마당에 앉게 한다. 혹 그 수가 많으면 문 밖 길 위에 나가 앉게 하되 마주보고 앉게 하고, 그 앞을 비워 두어 사람들이 다니며 죽을 줄 수 있게 한다. 굶주린 백성들에게 죽 그릇을 갖고 오게 하는데 그릇이 없는 자는 빌려 준다. 두 사람이 죽이 담긴 동이를 들고 한 사람은 국자를 든다. 그리고 차례대로 백성들이 가진 그릇에 죽을 퍼 준다. 죽을 다 먹은 백성들은 차례로 나가게 한다. 이렇게 매일 죽을 쑤는데, 쌀이 7석에서 10석까지 들었다. 70일 동안 굶주린 백성들 가운데 죽은 자가 한 사람도 없었다.

  예전에 중국 호주湖州 관아에서도 죽을 쑤어서 굶주린 백성들을 먹였다. 그곳에서는 끓고 있는 죽을 가마솥에서 바로 떠서 나누어 주었다. 굶주린 백성들이 허겁지겁 먹고 나가다가 백 걸음도 가지 못하고 죽었다. 비록 굶주림에 지쳤더라도 죽지는 않았는데 뜨거운 죽을 먹은 자는 백에 한 사람도 살지 못하였다. 경덕은 굶주린 자들을 먹이되, 죽을 쑤어서 미리 큰 독에 담아 식

혔다. 그는 이 이치를 이미 알고 있었던 것이다.'

　그런데 우리나라에서 근래 굶주린 백성들을 구휼할 때 관리들이 이 방법을 알지 못하여 흔히 뜨거운 죽을 주어 죽게 했습니다. 경덕의 '기민구호법'에 의하여 굶주린 백성들을 구휼하게 하소서."

　임금이 그대로 따랐다.

_ 세종 21년(1439, 기미) 3월 18일

임금이 경기도·강원도·평안도 감사에게 명을 전하였다.

　"호조판서戶曹判書 이견기李堅基가 아뢰었다.

　'도라지를 물에 담갔다가 햇볕에 말려서 굵은 가루로 만듭니다. 이렇게 만든 가루 세 숟가락, 채소 한 줌, 소금이나 간장 반 숟가락, 물 한 사발을 넣어 죽을 끓입니다. 이 죽 한 사발이면 한때의 배고픔을 면할 수 있고, 부종도 생기지 않습니다.'

　이 방법을 시험해 보고 만약 흉년을 구제할 만하면 민간에 두루 알려라."

_ 세종 29년(1447, 정묘) 2월 25일

임금이 말하였다.

　"일찍이 권극화가 이렇게 아뢰었다.

'물에 쑥잎과 그 열매를 넣고 끓인 후 쌀과 소금을 타서 먹으면 흉년을 구제할 만합니다.'

하여 민간에 이를 알려 시험하게 하였다. 그런데 지금 의서醫書를 상고해 보니 쑥을 탕으로 만들어 마시면 허약한 사람에게는 크게 보양이 되지만, 혹 독이 발생하면 열이 올라 갈증이 나고 눈에 부스럼이 생기거나 피가 날 수 있으니 함부로 먹어서는 안 된다고 한다. 이처럼 독이 있는 풀은 굶주린 백성들을 구호하는데 맞지 않으니 민간에 두루 알려 다시는 먹지 못하게 하라."

_ 세종 29년(1447, 정묘) 3월 26일

1-3. 버려진 아이를 구호하라

한성부漢城府: 서울을 관할하던 관청에서 아뢰었다.

"서울은 인구가 조밀하여 어린아이가 밖에 나오면 몇 골목만 지나쳐도 제 집을 찾아가기 어려워 결국 길을 잃어버리게 됩니다. 집 잃은 아이를 도우려는 사람도 그 아이가 사는 곳을 알지 못해 찾아주지 못합니다. 그리고 간악한 무리가 아이를 데려가서 노비로 삼는 일도 있습니다.

이후로는 집 잃은 어린아이를 발견하면 모두 제생원濟生院: 조선 초기 서민 치료기관. 미아 보호와 약재 보급 기능도 맡았다에 보내도록 하고 호조에서 양식을 대어 기르게 하소서. 아이를 잃은 부모도 제생원에 가서 찾도록 하고, 관아에서는 그 부모로부터 저화楮貨: 닥나무 껍질로 만들어 쓰던 종이돈. 조선 초기까지 쓰임 30장을 받아 아이를 발견한 자에게 주도록 하소서. 만일 숨겨 두고 고하지 않는 자가 있으면, 마을의 수령과 오가五家: 다섯 가구를 하나로 묶은 마을 조직를 함께 아울러 논죄하도록 하는 것이 좋겠습니다."

임금이 그대로 따랐다.

_ 세종 즉위년(1418, 무술) 8월 19일

열한 살이 되는 원길이라는 아이가 일찍 부모를 여의고 영덕盈
德에 살았다. 자기 누이가 풍양豊壤: 남양주에 있다는 말을 듣고 찾
아 헤매다가 이궁離宮: 별궁 앞에까지 오게 되었다. 효령대군孝寧大
君이 아이를 발견하고 상왕태종께 아뢰었다. 상왕이 그 아이를 딱
하게 여겨 음식을 주고 서울로 보냈다. 임금이 담당관으로 하여
금 옷과 음식을 주어 아이를 기르게 하였다.

_ 세종 3년(1421, 신축) 4월 27일

임금이 형조刑曹: 사법·형벌에 관한 일을 맡아 보던 중앙관청에 명하였다.

"죄를 범하여 옥에 있는 홀아비, 과부 및 형벌을 받은 사람의
어린 자식들은 돌보아 기르지 않으면 굶주림과 추위로 죽음에
이를 것이다. 지금부터 아이는 친척에게 주어 기르게 하고 젖먹
이는 젖 있는 사람에게 주며, 친족이 없으면 관가에서 거두어 보
호하고 기르되 그 지방에 있는 관리가 항상 보살피도록 하라. 만
일 잘 보살피지 않아 굶주리고 추위에 떨게 한다면 서울 안에서
는 사헌부司憲府: 언론·풍속·관리에 대한 규찰과 탄핵 등을 관장하던 관청가,

지방에서는 감사가 규찰해 다스리도록 하라."

_ 세종 13년(1431, 신해) 7월 28일

좌대언左代言 김종서金宗瑞가 아뢰었다.

"죄를 짓고 도망 중인 김수강金壽崗에게 어린아이가 있는데 거두어 기를 사람이 없고 친척들은 관가에서 김수강의 거처를 추궁당할까 두려워 그 아이 맡기를 꺼린다고 합니다."

임금이 말하였다.

"형조에 빨리 명하여 그 일가 사람에게 부탁하여 어린아이가 춥고 굶주리지 않게 하라."

_ 세종 14년(1432, 임자) 11월 18일

올해 전라도에 조금 풍년이 들었다. 여러 도의 굶주린 백성들이 모두 전라도에 가서 얻어먹었다. 어린아이를 먹이지 못해 길가에 버리거나 나무에 매어 놓고 가고, 혹은 남의 집에 하룻밤 자기를 청하고서 버리고 가니, 이렇게 버려진 어린아이가 모두 서른두 명이나 되었다. 임금이 호조에 명하여 그 도에 공문을 보내 급히 구휼하게 하였다.

_ 세종 19년(1437, 정사) 1월 13일

의정부에서 예조禮曹: 예악·제사·연향·학교·과거 등을 맡아 보던 중앙관청가 올린 글에 의거하여 아뢰었다.

"지금부터 버려진 아이를 데려다 기르고자 하는 자가 있으면 거주하는 마을과 그 자의 이름 및 데려간 날짜를 문서에 명백하게 기재하고 기르게 하소서. 양자로 들어간 아이는 양부모를 대신하여 부역을 해 그 은공을 갚게 하소서. 그 아이가 공사천인公私賤人이라도 관청이나 주인에게 돌려주지 말 것이며, 만약 기르기를 자원하는 자가 없으면 제생원에서 전례대로 구호하여 기르게 하소서."

임금이 그대로 따랐다.

_ 세종 20년(1438, 무오) 3월 20일

1-4. 노인을 중히 대하라

호조에서 아뢰었다.

"충청도에 가난하여 구걸하는 백성이 많습니다. 청컨대 이들을 구제하소서. 나이가 70, 80이 넘은 자들 가운데 병들어 몸을 못 쓰는 자는 친척의 유무를 조사하여 은택을 베풀어 구호하도록 하소서."

임금이 그대로 따랐다. 그리고 이렇게 말하였다.

"친척의 유무를 묻지 말고 모두에게 은택을 베풀어 구호하도록 하라."

_ 세종 11년(1429, 기유) 3월 16일

임금이 정척鄭陟에게 말하였다.

"연로한 사대부들은 양로연養老宴: 나라에서 노인들을 위해 베풀었던 잔치에 참석하게 하는데, 연로한 부인들은 참석을 못하니 실로 옳지 못하다. 양로연이라면 관직이 없는 서민의 남녀일지라도 모두 참석하게 해야 할 것이다. 제조提調: 감독관가 의논하여 아뢰도록 하라."

황희가 아뢰었다.

"연로한 부녀자는 거동하기가 어려워 대궐에 출입하기가 불편할 것입니다. 술과 고기를 그 집에 내리는 것이 좋겠습니다."

임금이 말하였다.

"옛날에는 대궐에 말을 타고 온 사람도 있었다. 가마를 타고 바로 들어오게 하거나 여종으로 하여금 곁에서 부축하여 모시게 하라. 중전이 친히 나아가서 연회를 베푸는 것이니 의리에 해로울 것이 없다. 사대부, 봉작을 받은 부인, 서민의 남녀에게 양로연을 베푸는 상세한 절차를 의논하여 아뢰도록 하라."

_ 세종 14년(1432, 임자) 8월 14일

승정원承政院: 왕의 비서기관에서 아뢰었다.

"노인이지만 신분이 비천한 자는 양로연에 나오지 못하게 하소서."

임금이 말하였다.

"양로연을 여는 까닭은 노인을 귀하게 여기기 때문이다. 그 신분의 높고 낮음이 중요한 것이 아니다. 비록 비천한 자라 할지라도 모두 들어와서 참석하게 하라. 다만 죄를 범하여 자자刺字: 죄명을 문신함 당한 자는 참석시키지 말라."

_ 세종 14년(1432, 임자) 8월 17일

임금이 교지敎旨: 왕의 명령를 내렸다.

"백세가 된 노인은 세상에 드무니, 마음을 다해 먼저 보호해야 할 것이다. 그러나 지난번 내린 교지에 이들이 포함되지 않아 인애仁愛로써 도리를 다하지 못하였다. 이제부터 해마다 쌀 10석을 지급하고 매월 술과 고기를 보내도록 하라. 그리고 월말에 그 수를 기록하여 보고하라."

이에 앞서 판중추원사判中樞院事 허조許稠가 아뢰었다.

"악학별좌樂學別坐 정양鄭穰의 할머니가 103세입니다. 청컨대 위로하시어 노인을 존경하는 뜻을 보이소서."

임금이 말하였다.

"70, 80세 노인을 위로하고 구제하라는 것은 이미 법령에 명시되어 있다. 그런데 백세가 넘은 노인들이 있으리라고는 생각하지 못해서 따로 법을 세우지 않았던 것이다."

그리하여 의정부와 의논하고 이와 같은 교지를 내리게 된 것이다.

_ 세종 17년(1435, 을묘) 1월 22일

1-5. 노비라도 함부로 죽이지 마라

임금이 형조에 전지傳旨: 승지를 통해 전달되는 왕명서(王命書)하였다.

"우리나라 노비법은 상하를 엄격하게 구분하기 위한 것이다. 이 법에서부터 강상綱常: 사람이 지켜야 할 도리이 시작되는데, 이 법에 의거하면 주인은 자기 노비에게 죄가 있다면 그를 죽여도 된다. 이에 대해 말하는 사람들은 노비를 억누르고 주인을 치켜세우면서 이것은 진실로 좋은 법이고 아름다운 뜻이라고 한다.

상과 벌을 내리는 것은 임금의 권한이다. 임금이라도 죄 없는 사람을 죽여서는 안 된다. 선한 것에는 복을 주고 잘못된 것에는 재앙을 내리는 것이 하늘의 법칙이기 때문이다. 비록 노비의 신분이 천하지만 그들 역시 하늘이 낸 백성이다. 하늘이 낳은 백성을 부리는 것만으로도 족하다고 할 것인데, 어찌 제멋대로 형벌을 가하여 무고한 사람을 함부로 죽인단 말인가? 임금의 덕은 살리기를 좋아할 뿐이다. 무고한 백성들이 죽는 것을 뻔히 보면서도 아무렇지도 않은 듯 그 주인을 치켜세워서야 되겠는가? 나는 매우 옳지 않다고 여긴다.

중국의 율문律文: 형률의 조문 중 노비구가장조奴婢毆家長條: 잘못을 저지른 노비를 사적으로 구타살해한 경우에 관한 법조문를 살펴보니 이렇게 나와 있다.

> 만약 죄 지은 노비를 주인이나 가까운 친척이 관청에 고하지 않고 때려죽이면 곤장 100대에 처한다. 죄 없는 노비를 죽이면 곤장 60대와 도형徒刑: 중죄인에게 노역시키는 형벌 1년에 처하며, 죄 없이 죽은 노비의 처자는 모두 석방하여 양민良民이 되게 한다. 노비가 주인의 명을 어겨서 법에 따라 형벌을 받다가 우연히 죽게 된 것, 과실로 죽게 만든 것은 모두 논죄하지 않는다.

그러니 이 율문에 따르면 노비를 함부로 죽인 자는 비록 주인일지라도 모두 법에 따라 처리하는 것이 옳다. 하지만 우리나라의 노비는 대대로 전해 오는 것이라서 중국의 노비와는 다르다. 우리나라에서 노비를 양민으로 만드는 것은 어렵다. 그리고 주인이 죄 지은 노비를 직접 처벌하는 것 역시 이미 오래되어서 갑자기 고치기가 쉽지 않다. 또한 주인이 죄 지은 노비에 대해

법을 하나하나 따지면서 논죄하는 것 역시 어려운 일이다. 주인이 자기 노비를 벌할 때 법에 의거하였는지 아닌지를 살피기도 매우 어렵다.

하지만 만약 주인이 무고한 노비를 함부로 죽인 것이라면, 그 주인 아래에서 억울하게 죽은 노비의 가족이 계속 부림을 당하는 것은 옳지 않다. 이는 백성을 사랑하고 형벌을 신중히 하려는 나의 뜻에 맞지 않는 일이다.

지금부터는 노비가 죄가 있건 없건 간에 관청에 고하지 않고 때려죽인 자는 일체 옛법에 따라 죄를 주도록 하라. 노비에게 함부로 오형五刑*을 가하거나 쇠붙이 칼날을 사용하거나 큰 나무나 큰 돌을 사용하는 등 모든 잔혹한 방법을 쓴 경우도 함부로 죽인 것과 같이 본다. 또한 주인이나 주인의 친인척이 노비를 죽였다면 죽은 노비의 가족은 모두 관노비로 보내야 할 것이다.** 그러나 살인한 자가 노비의 주인이 아니라면 관노비로 보내지는 않는다."

_ 세종 26년(1444, 갑자) 윤7월 24일

---

* 포락(炮烙: 불에 지짐)·의형(劓刑: 코를 베는 형벌)·이형(刵刑: 귀를 자르는 형벌)·경면(黥面: 얼굴에 죄명을 새기는 형벌)·고족(劓足: 발가락을 베는 형벌)의 다섯 가지 형벌.
** 조선에서는 노비를 양민으로 되게 하기는 어려우므로 죽인 자 밑에서 일하지 않게 해주려고 관노비로 보내는 것이다.

1-6. 세종의 복지정책

4개월간의 출산휴가

임금이 대언代言: 왕명을 하달하는 벼슬 등에게 말하였다.

"옛날에 관가의 노비가 아이를 낳으면 출산 후 7일부터 일하게 하였다. 일하느라 갓 태어난 아이를 돌보지 못할까 염려했기 때문에 만든 법이었다. 지금은 여기에 1백 일간의 휴가를 더 주고 있다. 그런데 산달에 임박할 때까지 일하다가 미처 집에 도착하기 전에 아이를 낳는 경우가 있다고 들었다. 그러니 산달에는 1개월간의 일을 더 면제해 주면 어떻겠는가? 그가 산달을 속인다고 해도 1개월까지야 넘을 수 있겠는가. 상정소詳定所: 제도를 마련하기 위한 임시기구에 명하여 이에 대한 법을 제정하게 하라."

_ 세종 12년(1430, 경술) 10월 19일

남편에게도 육아휴직을!

임금이 형조에 전교하였다.

　"서울과 지방의 여종 중 임신하여 해산이 가까운 자와 산후 1
백 일이 안 된 자는 일을 시키지 말라고 일찍이 법을 세웠다. 하
나 그 남편에게는 휴가를 전혀 주지 않고 그 전대로 부역을 시
키니 산모를 돌볼 수가 없다. 이것은 부부가 서로 돕고 살라는
뜻에 어긋날 뿐만 아니라 이 때문에 혹 산모가 목숨을 잃는 일
까지 있으니 진실로 가엾다 할 것이다. 이제부터는 관노비의 아
내가 아이를 낳으면 그 남편도 만 30일의 휴가를 주어라."

_ 세종 16년(1434, 갑인) 4월 26일

노인과 장애인에게 부역을 면제해 주어라

임금이 예조에 전지傳旨하였다왕명서를 전달하였다.

　"지금 『육전』六典*을 상고해 보았다. 부모가 70세 이상인 사람
과 8세 이하의 아이로 계모가 없는 사람은 모두 예전 제도에 따

---

* 태조 6년(1397)에 정도전, 조준 등이 『육전』의 형식을 갖추어 우리나라 최초의 법전인
『경제속육전』(經濟續六典)을 만들었다. 세종은 집현전 학사들과 함께 이 법전의 내용을
검토하여 세종 15년(1433)에 새 법전인 『신찬경제속육전』을 발행하였다.

라 시행하도록 하라.

다만, 아들이 셋 이상이고 그 아들들이 국역國役: 군역이나 부역에 종사하고 있다면 아버지의 역을 면제해 주어라. 비록 70세가 되지 않았더라도 아들 다섯 이상이 국역에 종사하거나 자신이 불구자이면서 아들이 하나 있는 사람은 시정侍丁: 부역 대신 부모를 봉양하게 하는 제도 한 사람을 주도록 하라. 그 중에 아버지가 90세 이상이면 그 집의 부역을 면제해 주라. 하지만 이것으로는 양로養老의 의리에는 극진하지 못한 것 같다.

이제부터 부모가 70세 이상인 사람과 불구자는 70세가 차지 않더라도 시정 한 사람을 주고, 만약 아들이 먼저 죽었다면 손자 가운데서 시정 한 사람을 정하게 하라. 친손자가 없다면 외손자가, 외손자가 없다면 조카와 종손 가운데에서 시정 한 사람을 정하라.

80세 이상이 되면 복호復戶: 한 가구의 부역을 감면하거나 면제하는 것하게 하라. 하나 거느리고 사는 인부가 열 명 이상이고 경작하는 토지가 10결 이상인 자는 제외하라.

80세가 된 사람의 아들로서 관직에 있는 사람은 고향에 돌아가서 부모를 봉양하게 하라. 부모가 그 아들이 계속 벼슬하기를 원한다 하더라도 한두 사람이라도 돌아가 부모를 봉양하게 하라. 아들이 먼저 죽은 경우에는 친손자로 하여금 돌아가 조부모를 봉양하게 하라.

90세 이상이 된 사람의 아들들은 모두 시정을 하게 하고, 설령 벼슬하는 자가 있더라도 모두 돌아가 봉양하게 하며 인부와 토지의 많고 적음을 따지지 말고 복호하게 하라.

계모가 없는 열 살 이하의 어린아이가 있으면 그 아버지의 부역을 면제해 주어라."

_ 세종 14년(1432, 임자) 8월 29일

1-7. 법 집행을 정확하게 하라

임금이 명하였다.

　"『대명률』大明律 제서유위조制書有違條: 임금의 교지와 세자의 영지를 위반한 자를 다스리는 율에 이렇게 나와 있다.

　'제서制書: 임금이 제도에 관련한 사항을 내릴 때 사용하는 명령서를 받들어 시행하여야 할 것을 어긴 자에게는 곤장 1백 대를 때리고, 그 본뜻을 잘못 알고 시행한 자는 3등을 감한다.'

　이 법은 관리의 잘못을 다스리려는 것이지, 일반 백성들의 죄를 논하려는 것이 아니다. 그런데 근래 법관들이 이 법의 본뜻을 알지 못하여 왕명을 어긴 자들에게 모두 이 법을 적용하여 판결한다. 예전에 어진 임금들이 형벌을 쓴 것은 죄를 범하는 자가 없어지기를 바랐기 때문이다. 어찌 무지한 백성들에게 모두 이 법을 적용할 수 있겠는가? 곤장 한 대라도 중도를 잃어버린다면 원망을 부르고 화기和氣를 상하게 한다. 지금부터는 왕명으로 금한 것을 범한 자가 있더라도 관리가 아니라면 제외하라. 현임 관리 외에 크고 작은 죄를 지은 잡범은 각기 그 사건에 맞는 법으로 죄를 다스려 판결하라. 또한 전과 비슷한 법을 적용한다거나 판결에 있어서 형벌을 지나치게 무겁게 적용하는 경우가 없도록 하라. 이렇게 하여 법률을 제정한 본뜻에 따르도록 하라. 과인이 형벌을 삼가고 백성을 불쌍히 여기는 지극한 뜻에 합치되도록 하라."

_ 세종 6년(1424, 갑진) 8월 21일

임금이 지신사知申事: 후에 도승지. 왕명을 출납하던 승정원의 으뜸벼슬 안숭선安崇善에게 말하였다.

"관리들이 판결할 때 명백하게 밝히지 않고 신중하게 결정하지 않아 살려야 할 자를 죽이고 죽여야 할 자를 살리는 일이 간혹 있다. 다른 사람에게 죄를 뒤집어씌웠던 막산莫山과 상이象伊의 일이 그것이다. 그것을 말하니 지금도 마음이 아프다. 역대 판결 중에 실수했던 것을 집현전에 명하여 뽑아 오게 하라. 또한 그대도 『강호기문』江湖紀聞 안에 있는 형옥刑獄: 형벌과 옥사 중 잘못 판결한 것을 뽑아 아뢰라. 하교하여 널리 알리고자 하노라."

_ 세종 13년(1431, 신해) 5월 27일

1-8. 함부로 형벌을 가하지 마라

형조의 도관都官: 형조판서의 별칭이 죄를 판결할 때 형장刑杖: 곤장을
쓸 수 있게 해달라고 청하였다. 임금이 의정부와 제조에 명하여
의논하게 하였더니 서로 의견이 달라 어떤 자는 가可하다 하고
어떤 자는 불가不可하다고 하였다.

임금이 말하였다.

"일찍이 형장을 쓰지 않던 관원에게 어찌 형장을 쓰게 한단
말인가?"

신상申商과 정흠지鄭欽之가 아뢰었다.

"도관이 형장을 쓰지 않기 때문에 증언과 증거가 명백한데도
간악한 무리들이 억지로 주장하면서 불복합니다. 그러니 형장
을 쓰게 해야 합니다."

임금이 말하였다.

"도관은 백성의 부모라고 일컬어진다. 끝까지 말로 물어서 그

진상을 알아내야 한다. 관청에서 공초供招: 조선시대에 죄인이 범죄 사실을 진술하던 일를 받을 때 백성들이 그 위엄만으로도 두려워하여 거짓 자백하는 경우가 있다. 하물며 형장을 쓰면 어떻겠는가? 형장은 적게 쓰는 것이 좋은 것이다. 예전에 없던 법을 세워서 민생을 해롭게 하는 것은 매우 옳지 않다."

_ 세종 14년(1432, 임자) 1월 16일

임금이 형조에 전지傳旨하였다.

"중앙과 지방의 관리가 절도한 자를 심문할 때 전후사정을 살피지 않고 몽둥이질부터 한다. 또 급히 자백을 받기 위해 함부로 죄인의 온몸에 매질하는 경우도 있다. 혹은 죄수가 도망갈 수 있다고 하면서 오래도록 옥에 가두어 두고 핍박한다고 한다. 이로 인해 죄인들이 생명을 잃게 되는 경우가 있으니 중앙과 지방에 알려 이런 일이 다시는 없도록 하라."

_ 세종 12년(1430, 경술) 10월 28일

의정부에서 아뢰었다.

"서울에서는 옥에 갇힌 죄수가 죽는 경우가 드물지만, 지방에서는 배꼽 아래에 종기가 나거나 가슴과 배가 막혀 죽는 죄수가 잇따라 생기고 있습니다. 이런 일은 일어나서는 안 되는 일입니다. 이것은 필시 사건의 진상을 급히 알고자 하여 불법으로 형장을 가했거나, 참혹하게 고문한 까닭에 그 독이 장부臟腑로 들어가 부종이 되어 죽은 것이 분명합니다.

옛 제도를 상고해 보았습니다.

전한前漢『형법지』刑法志에는 '태형10대부터 50대까지 친다을 집행할 때는 볼기를 치되 때리는 사람을 바꾸지 않는다.'

『당률소의』唐律疏議에는 '태형은 볼기와 넙적다리에 나누어 치고, 장형태형보다 무거운 죄를 지은 경우 60대부터 100대까지 친다은 등과 넙적다리·볼기에 나누어 치게 하는데 여러 번으로 나누어 때리고, 고문도 마찬가지로 나누어 집행한다. 태형 이하인 죄수가 등과 넙적다리에 나누어 맞겠다고 하면 이를 허락한다.'

『대명률』옥구도獄具圖에는 '매질에 쓰는 몽둥이는 직경이 4분 5리, 길이가 2척 5촌인데 형목荊木: 참나무의 일종으로 만든다'라고 나와 있습니다.

이렇게 옛 제도에는 중죄를 범하여 장물이나 증거가 명백한데도 승복하지 않는 자에게 법에 따라 형장을 가하되 볼기와 넙적다리만 나누어 때린다고 나와 있습니다. 그러나 근래 우리나라의 관리들은 무릎 아래 정강이나 장딴지까지 때립니다.

등을 때리는 것은『당률소의』에 나와 있긴 합니다. 하지만 태종께서 「명당침구도」明堂針灸圖를 보시고 사람의 오장육부가 모두 등 가까이에 붙어 있으니 죄인의 등을 때리지 못하게 하라는 조서를 내리셨습니다. 또한 『대명률』에는 언급되지 않았으나 『등록형전』謄錄刑典에 '나이를 불문하고 등을 칠 수 없다'고 나와 있습니다. 그러니 등을 때리는 것은 고금에 금하는 바이고, 또 정강이·장딴지를 때려 고문한다는 것도 근거가 없습니다. 지금처럼 볼기를 칠 때 정강이와 장딴지까지 때리는 것은 이전에는 시행하지 않았던 것입니다.

의금부에서 고문할 때 죄인을 묶어서 옆으로 눕혀 놓고 넙적다리를 때리다가 만약 과하게 상처가 생기면 반대편으로 돌려 눕히고 때립니다. 그렇게 시행한 지 이미 오래되었습니다. 그 상황을 그림으로 그려서 각 관청과 각 도에 나누어 주고 그것에 따라 시행하면 사리에 합당할 것입니다.

『속형전』續刑典에는, '서울이나 지방의 관리가 법을 어기고 형벌을 남발하는 자가 있으면 서울은 사헌부에서, 지방은 감사가 다스리게 하라. 죄인의 친족이 고발하는 것을 허락하게 하여 법에 따라 논죄하게 하라.' 또 『등록형전』에는, '서울이나 지방의 죄수를 신문할 때 사령使令이 큰 소리로 호통치며 좌우로 나누어 서서 번갈아 가며 곤장을 치지 말라'고 하였습니다.

선덕宣德 10년세종 17년, 1453년 10월에 성상께서 말씀하셨습니다. '관리가 죄수의 머리채를 마구 잡아당겨 괴로움이 태형이나

장형보다 갑절이 되고 그 상처 때문에 죽는 자가 간혹 있다. 이
후로는 모두 금하라.'

그런데 아직까지도 죄수의 두 귀를 몹시 잡아당겨 상해를 입
힌다거나, 혹은 두 귀밑머리를 나무 틈에다 놓고 가죽이 벗겨지
도록 잡아당겨 눈귀가 찢어졌다든가, 몽둥이로 매질을 하는데
30대도 부족하다 하여 형장 끝으로 그 상처를 찌르는 등 포악하
게 행동하는 자가 있다고 합니다. 청컨대 일절 금하게 하소서.

이제 형벌을 자세히 정했기 때문에 빠진 것이 없습니다. 그러
나 형벌을 맡은 관리가 문구로만 여기는 것이 문제입니다. 『육
전』六典과 전지傳旨: 왕명서를 거듭 밝혀 거행하게 하소서."

임금이 그대로 따랐다.

_ 세종 21년(1439, 기미) 2월 2일

1-9. 죄수도 내 백성이다

임금이 형조에 명하였다.

"옥獄이란 것은 죄 있는 자를 징계하는 것이지, 사람을 죽게 만들려는 것이 아니다. 그런데 옥을 맡은 관원들이 마음을 다해 살피지 않고 심한 추위와 찌는 더위에 사람을 가두어 병에 걸리게 한다. 또한 추위에 얼거나 굶주려서 비명에 죽는 일도 있다. 진실로 가련하고 애처로운 일이다.

중앙과 지방의 모든 관리들은 나의 지극한 뜻을 받들어 항상 몸소 살펴서 옥내를 수리하고 늘 청결하게 해야 할 것이다. 질병이 있는 죄수에게는 약을 주어 구호하고 치료할 것이며 옥바라지할 사람이 없는 자에게는 관에서 의복과 먹을 것을 주어 구호하라. 이제부터 마음을 써서 거행하지 않는 자는 서울 안에서는 사헌부가, 지방에서는 감사가 엄하게 규찰하여 다스려라."

_ 세종 7년(1425, 을사) 5월 1일

의정부에서 형조가 올린 바를 아뢰었다.

"서울과 지방의 감옥은 높은 대臺를 쌓고 그 위에 서늘한 옥여름을 지낼 옥 세 채를 짓게 하소서. 문과 벽은 두꺼운 판자를 사용하고 바깥쪽 벽에는 틈과 구멍을 내어 바람 기운이 통하게 하소서. 또한 남자 감옥 네 채와 여자 감옥 두 채를 지어 각각 가벼운 죄와 무거운 죄를 분간하게 하소서. 또 모두 판자를 깔고 처마 밖에는 사방으로 차양을 만들어 죄인들로 하여금 더울 때에는 형편에 따라 앉거나 눕게 하고 밤이면 도로 옥으로 들어오게 하여 자물쇠로 채우소서.

또 따뜻한 옥겨울을 지낼 옥을 짓되, 서늘한 옥과 같이 남녀와 죄의 경중에 따라 옥을 나누소서. 그리고 모두 흙으로 벽을 쌓고 그 바깥 4면에는 기둥이 될 수 있는 나무를 다섯 줄 심어서 그것이 무성하기를 기다려 문을 만들어 열고 닫게 하소서. 아직 무성하기 전에는 우선 대나무 울타리를 치고, 평안도·함길도의 토질은 기둥이 될 나무가 자라기 마땅치 않으니 가시나무를 심게 하소서. 두 감옥 사이의 거리와 사방 담 사이의 거리가 넓고 좁은 것은 땅의 형편에 따르지만 죄인들이 넘어가지 못하게 하소서. 이 설계도면을 각 도에 반포하여 감사로 하여금 형편에 맞추어 옥을 짓게 하소서."

임금이 그대로 따랐다.

당초에 임금이 형벌을 맡은 관리들의 실수로 서울과 지방의 죄수들이 죽게 될까 염려하여 의정부에 명하여 옥을 짓고 죄수를 구휼하는 방책을 의논하게 하였다. 의정부에서 논의한 결과를 아뢰었더니 임금이 그 의논대로 따르게 하고 이날에 와서 이런 법령을 세웠다.

_ 세종 21년(1439, 기미) 2월 2일

임금이 말하였다.

"내가 전에는 더위를 무서워하지 않았는데 몇 해 전부터 중서

中暑: 더위를 먹어서 생기는 병. 열이 나고 속이 메스꺼우며 맥은 가늘고 빨라지는데, 심하면 어지러워 졸도하기도 한다에 걸렸다. 한데 물로 손을 자주 씻었더니 더운 기운이 저절로 풀렸다. 이것으로 생각해 보니 죄수가 옥에 있으면 더위 먹기가 쉽다. 간혹 생명까지 잃게 된다고 하니 참으로 불쌍하다. 앞으로 무더운 날에는 항아리에 물을 담아 옥중에 두고 자주 갈아서 죄수로 하여금 손을 씻게 하여 더위를 먹지 않게 하는 것이 어떠한가? 전에도 이런 법이 있었는지 상고하여 아뢰라."

승정원에서 아뢰었다.

"전에 이런 법이 있다는 말은 듣지 못하였습니다. 예전 글에 죄수가 세수하고 머리를 감거나 감옥 안을 깨끗이 하는 일은 있

었으니, 청컨대 옛 제도를 상고하여 시행하소서."

곧 집현전으로 하여금 상고하게 하였다.

_ 세종 30년(1448, 무진) 7월 2일

二 • 세종의 힘, 공부와 사람

2-1. 『대학연의』, 왕도의 기초

임금이 정사를 보고 경연經筵: 왕이 유학의 경서(經書)와 역사서, 정치의 도리 등을 신하들과 강론하는 일에 나아갔다.

『대학연의』大學衍義*를 강론하다가 「채미편」采薇篇과 「군아편」君 牙篇에 백성들이 민간에서 자신의 고통을 탄식한다는 말에 이르러, 정초鄭招가 아뢰었다.

"임금 노릇하기의 어려움, 백성을 보호하는 것의 어려움, 백성들의 괴로움, 그리고 나라의 안위에 대해서 신들이 비록 바른 대로 말하고자 하더라도, 어찌 이 책과 같이 상세할 수 있겠습니까? 전하께서는 진덕수眞德秀의 변치 않는 지혜를 취하여 경계로

---

* 사서(四書)의 하나인 『대학』(大學)을 풀이한 책으로 중국 남송(南宋)의 성리학자인 진덕수가 지었다. 『대학연의』는 왕들의 필독서로 제왕이 통치하는 차례, 제왕이 배우는 근본, 격물치지의 요체, 성의정심의 요체, 수신의 요체, 제가의 요체 등 총 6장으로 구성되어 있다.

삼으시길 바랍니다. 아직 우리나라의 민생이 처자식을 내다 파는 지경에까지 이르지는 않았습니다만, 전하께서 오늘의 이 마음을 잊지 않으신다면 이 나라의 다행한 일일 것입니다."

임금이 말하였다.

"내가 마땅히 마음에 깊이 새겨 잊지 않을 것이다. 내 백성들 중에 어찌 곤궁한 사람이 없겠는가."

탁신卓愼이 대답하였다.

"입을 것도 먹을 것도 없이 곤궁하고, 하소연할 데가 없는 백성들이 민가와 궁벽한 시골 거리에 넘쳐도 다스리는 사람이 살피지 못할 수 있습니다."

임금이 말하였다.

"내가 궁중에서 나고 자라서 백성들의 어려움을 다 알지는 못한다."

정초가 아뢰었다.

"미천한 백성들을 찾아 물으면 알 수 있을 것입니다."

임금이 말하였다.

"그렇다."

_ 세종 즉위년(1418, 무술) 12월 20일

정초가 아뢰었다.

"요새 벼슬하는 자들은 다 양반의 자제요, 젖냄새 나는 풋내기들로 학문의 공력을 쌓지 못했습니다. 게다가 직무에 미처 익숙해지기도 전에 자주 교체되어 때를 놓치고 실수하는 일이 많습니다. 이러한 일은 마땅히 고쳐져야 할 것입니다."

임금이 말하였다.

"나 또한 그런 폐단을 잘 알고 있다."

정초가 아뢰었다.

"최근에 새로 뽑힌 생원 열 명 정도가 대궐 뜰에서 절하는 모습을 보았습니다. 새로 벼슬에 오른 자들의 태도가 이처럼 경박했던 적은 없었습니다. 선비의 마음을 바로잡으려면 법도로써 다스리지 않을 수 없습니다. 그들에게 눈과 귀가 있다면, 지금 전하께서 매일 경연에서 학문을 강론하는 모습을 보고 느끼는 바가 있을 것입니다."

탁신이 아뢰었다.

"『대학』 서문에, '무릇 학교는 이처럼 넓고, 가르치는 방법이 이처럼 상세하다. 그 가르치는 것은 군주가 몸소 행하고 마음에서 터득한 것을 근본으로 삼는다'고 하였습니다. 대개 아랫사람이 지향하는 바는 군주 한 몸에서 나옵니다."

임금이 말하였다.

"그렇다."

탁신이 또 아뢰었다.

"『대학연의』는 선과 악이 분명하여 경계가 되기에 좋은 책입니다. 진실로 군주의 귀감이 될 것입니다. 전하께서는 소홀히 하지 마시고 항상 곁에 두시기 바랍니다."

임금이 말하였다.

"그렇다. 내가 어려서부터 학문에 뜻을 두어 조금도 게을리 하지 않았다. 『대학연의』는 마땅히 반복해서 읽겠다."

탁신이 다시 아뢰었다.

"신은 전하께서 손에서 책을 놓지 않고 밤이 깊어야 주무신다는 말을 듣고 무엇보다 기뻤습니다. 부디 이 마음을 지켜 게을리 하지 마소서. 사람의 마음은 한결같지 않아서 지키면 보존되지만 버리면 곧 사라지는 법입니다. 정사를 돌보고 학문하는 사이에 잡념이 싹트지 않으면 날로 총명해지실 것입니다."

임금이 말하였다.

"내 마땅히 그럴 것이다."

_ 세종 1년(1419, 기해) 2월 17일

2-2.『자치통감』, 왕의 필독서

임금이 정사를 보고 경연에 나아갔다.『통감강목』通鑑綱目*을 강
독하고 임금이 동지경연사同知經筵事 윤회尹淮에게 말하였다

"『대학연의』를 지은 진덕수가 '『통감강목』은 권수가 많아서
임금이 다 보기가 쉽지 않다'고 하였다. 내가 3년 전부터 읽기 시
작하였는데, 그 사이에 서른 번 읽은 부분도 있고 스무 번 넘게
읽은 부분도 있지만 아직 전체를 다 읽지는 못하였다. 참으로 다
보기 어려운 책이다."

_ 세종 5년(1423, 계묘) 12월 23일

* 중국 남송(南宋)의 철학자 주회(朱熹)가 지은 책으로, 북송(北宋)의 역사가 사마광의
『자치통감』을 강(綱)과 목(目)으로 나누어 편찬하였다. 『강목』이라고도 한다. 『자치통
감』은 『통감』이라고도 하는데, 자치(資治)란 '나라를 다스리는 데 도움을 준다'는 의미
이다. 전국시대인 기원전 403년부터 송 건국 이전인 기원후 959년까지의 역사를 연대
순으로 기록한 책이다.

대제학大提學 윤회 등이 매일 저녁 『자치통감훈의』資治通鑑訓義** 초고를 임금께 올렸다. 임금이 친히 밤늦도록 잘못된 곳을 교정하였다. 임금이 윤회 등에게 말하였다.

"근래 이 책을 읽고 독서의 유익함을 다시 알았다. 날로 더 총명해지고 잠은 더욱 줄었다."

윤회가 아뢰었다.

"전하, 밤에 가늘고 작은 글씨를 보면 눈병이 나실까 두렵습니다."

임금이 말하였다.

"경의 말이 옳다. 내 조금 쉬겠다."

_ 세종 16년(1434, 갑인) 12월 11일

임금이 이계전李季甸과 김문金汶에게 명하여 『강목』綱目·『통감』通鑑의 훈의訓義: 뜻풀이를 짓게 하고, 유의손柳義孫에게 서문을 쓰게 했다. 그 서문은 이러하였다.

주문공朱文公의 『강목』은 『춘추』春秋를 지은 방식을 본받았다.

** 세종은 집현전 학자들에게 명을 내려 『자치통감』을 보다 쉽게 읽어 볼 수 있도록 뜻풀이(훈의)를 달게 했다. 직접 밤늦게까지 이 책의 교정을 보다가 안질이 생겼을 정도로 심혈을 기울였다.

그러니 글은 역사서지만 뜻은 경서經書라 할 수 있다. 임금께서 집현전 부교리副校理 이계전과 김문 등에게 명하셨다.

'무릇 학문하는 방법은 경학經學을 근본으로 삼으니 그것을 먼저 읽어야 할 것이다. 그러나 단지 경학만 공부하고 역사를 통하지 않으면 그 학문은 넓어지지 못하는 법이다. 역사를 공부하고자 한다면 『강목』만 한 책이 없다. 지난번에 이미 『자치통감』의 훈의를 펴냈다. 이제 『강목』까지 아울러 해석을 달아 후학들에게 전하고자 하니, 너희들은 그것에 힘쓰라.'

이에 이계전 등이 그 긴요한 말을 뽑아 장에 따라 나누어 붙였다. 버리고 취하는 것은 모두 임금께 허락을 받았다. 집현전 부교리 이사철과 수찬 최항崔恒 등에게 명하여 교정하게 하여, 3년이 걸려 책이 완성되었다. 예전에 편찬한 책은 글자가 가늘고 작아서 주상의 춘추가 높아지시면 보기 어려우실까 염려되었다. 하여 진양대군晉陽大君: 수양대군이 쓴 큰 글자로 새 활자를 주조하였다. 이렇게 새로 만든 큰 활자로 주요내용[綱]을 찍고, 예전에 만든 작은 활자로 세부항목[目]을 찍게 하였다. 또한 너무 두꺼운 책은 정리해서 상·중·하로 나누거나 상·하로 만들기도 했으니, 총 149권이다. 앞으로 이 책을 인쇄해서 세상에 널리 전하고자 신에게 명하여 서문을 짓게 하셨다.

신이 그윽이 생각하건대, 역사를 기록한 글이 세상에 전해 내려온 것이 많지만 『통감』보다 상세한 것이 없고 『강목』보다 요긴한 것이 없다. 이는 실로 천하 만세의 귀감이다. 그러나 여러 학자의 주석이 서로 어긋나거나 모순되기도 하여 그 뜻을 쉽게 살필 수 없었다. 우리 주상 전하께서는 하늘이 내신 뛰어난 학자로 경서와 역사에 뜻을 두시고 깊이 생각하셨다. 나라의 모든 일을 처리하시는 와중에도 두루 책을 읽으시고 여러 주해를 연구하여 하나로 만들게 하셨다. 매우 세밀하게 분석하여 환하게 살필 수 있게 하셨으니, 진실로 역사서의 큰 완성이라 하겠다.

이제 이것을 읽는 사람은 주상 전하의 교훈을 본받아, 먼저 경학을 밝히고 난 후에 『통감』으로써 학문을 넓히고 『강목』으로써 요약한다면, 근본과 말단이 모두 갖추어지고 안팎이 서로 통하게 될 것이다. 이런 차서를 건너뛰고 잡다하게 책을 읽는다면 어찌 그것이 학문을 밝히고 교화하는 우리 주상의 아름다운 뜻에 대한 보답이 되겠는가. 훗날 이 책을 보는 사람은 마땅히 스스로 깨치고 살펴야 할 것이다.

_ 세종 18년(1436, 병진) 7월 29일

2-3. 역사, 정치의 나침반

임금이 대제학 변계량卞季良에게 명하여 역사를 연구할 만한 자를 뽑아 아뢰라고 하였다. 변계량이 정인지鄭麟趾, 설순偰循, 김빈金鑌을 추천하였다. 임금이 즉시 김빈을 집현전 수찬修撰으로 임명하였다. 세 명에게 여러 역사책을 나누어 읽게 하고, 임금이 물어보면 답하게 하였다. 이보다 먼저 임금이 윤회에게 물었다.

"내가 집현전의 선비들에게 여러 역사책을 주고 읽게 하고자 한다."

윤회가 대답하였다.

"옳지 않습니다. 경학經學이 우선입니다. 역사는 그 다음에 해야 하는 것이니, 오로지 역사만을 읽게 해서는 안 됩니다."

임금이 말하였다.

"내가 경연에서 『좌전』左傳·『사기』史記·『한서』漢書·『강목』綱目·『송감』宋鑑에 기록된 옛일을 물으니 모두 모른다고 하였다. 만약

한 사람에게만 읽게 한다면 역사 전반을 고루 볼 수 없을 것이다. 지금 선비들은 입으로만 경학을 한다고 한다. 실제로 이치를 탐구하고 마음을 바로잡는 이가 있다는 말을 내가 아직 듣지 못하였다."

_ 세종 7년(1425, 을사) 11월 29일

임금이 지중추원사^{知中樞院事} 정인지에게 말하였다.

"무릇 정치를 잘하려면 반드시 앞시대의 정치가 잘 다스려지고 어지러워졌던 자취를 살펴야 한다. 그 자취는 오직 역사의 기록에서 찾을 수밖에 없다. 주^周나라 이래 대대로 역사서가 있었으나 편찬한 것이 방대하여 전체를 살피기가 쉽지 않았다. 내가 근래 송유^{宋儒: 정호(程顥)·정이(程頣)·주희(朱熹) 등 송대의 유학자}가 편찬한 『자경편』^{自警編}을 보았다. 미담과 선행을 조목별로 분류하여 요점을 정리한 것이 간략하여 보기에 편리했다. 사람이 학문할 때에는 널리 보는 것이 어렵다고 한다. 하물며 임금이 정치를 하는 동안에는 어찌 널리 볼 수 있겠는가?

그대가 역사서를 두루 상고하여 권선징악이 될 만한 것들을 뽑아 한 권의 책으로 편찬하라. 보기 편하게 만들어 후대까지 영원한 귀감이 되게 하라. 이 땅에 나라가 세워진 지 오래이니, 그 나라들의 흥망성쇠도 몰라서는 안 된다. 우리 역사를 여기에 포함시키되, 너무 번다하게 하지 말고 지나치게 간략하게 하지도 말라."

임금이 이 책에 『치평요람』治平要覽이라는 이름을 내렸다. 진양대군수양대군에게 명하여 그 일을 감독하게 하고, 학자들을 선발하여 집현전에 모아 분야별로 책임지고 완성하게 하였다.

_ 세종 23년(1441, 신유) 6월 28일

2-4. 학문, 나라의 근본

깊이 공부하라

행사직行司直 이양달李陽達이 글을 올려 임금께 아뢰었다.

"지리地理를 공부한 자들이 과거에 합격한 후에 천문天文 분야에서 일하는 경우가 종종 있습니다. 이 때문에 한 가지를 전문으로 하는 자가 날로 적어지니 좋지 못한 일입니다. 신이 생각하기에 이것은 다만 지리를 전공한 자들의 문제만이 아닙니다. 의약醫藥, 복서卜筮: 점(占) 등 여러 학문을 전공한 자들도 마찬가지입니다. 지금부터는 사계절의 첫 달마다 승진시험을 칠 때 자기 분야에 정통했음을 입증한 후에 다른 분야의 시험을 치를 수 있게 하소서."

임금이 그대로 따랐다.

_ 세종 3년(1421, 신축) 3월 15일

임금이 경연에 나아가서 강론하였다.

"지금 사람들이 글을 읽어서 한나라의 유학자들처럼 통달했으면 좋겠다. 그들은 오로지 한 가지 학문만 했기 때문에 자세히 보고 깨칠 수 있었다. 지금 학자들은 어떤 것 하나를 보다가 바로 다른 것으로 옮겨 가기 때문에 도무지 이치를 터득하지 못하고 있다"는 구절에 이르러 임금이 말하였다.

"이것이 바로 내가 근심하는 것이다. 사서오경, 제자백가나 여러 역사책 등을 빠짐없이 보고자 한다면 어찌 모두에 다 정통할 수 있겠는가? 지금 학자들이 사서오경을 모두 익히고자 하므로 정통하지 못한 것이 당연하다. 자세히 읽어 그 이치를 꿰뚫고자 한다면 오직 한 가지에만 집중해야 한다."

_ 세종 15년(1433, 계축) 2월 2일

넓게 공부하라

임금이 승정원에 교지를 내렸다.

"역대의 거룩한 임금들을 보면 통달하지 않은 바가 없었다. 그러므로 천문·지리까지도 그 이치를 모르는 것이 없었다. 그보다 못한 임금들은 천문·지리의 이치를 몸소 알지는 못하더라도 아래에서 그 직무를 받들 수 있는 인재가 한 세대에 한 사람 정도는 있었다. 진晉나라의 곽박郭璞이나 원元나라의 순신舜臣이 그러했다. 우리나라의 일로 보더라도 도읍을 건설하고 능 자리를 정하는 데 모두 술자術者의 말을 들었다. 지금 헌릉獻陵: 태종과 원경왕후의 능의 자리를 두고 지맥이 끊긴다는 논란이 있다. 이에 이양달李陽達과 최양선崔揚善 등이 각자 자기 말이 옳다고 고집해서 결정하지 못하고 있다. 나도 역시 그 이치를 알지 못해서 옳고 그름을 판단하지 못하고 있는 실정이다. 앞으로 집현전의 학자들을 데리고 이양달과 함께 매일 지리의 이치를 강론하겠으니, 지리에 밝은 자를 널리 택하여 보고하라.”

지신사知申事 안숭선安崇善 등이 아뢰었다.

“경연은 오로지 성현의 학문을 강론하고 탐구하여 정치의 근원을 밝히는 것입니다. 풍수학이란 것은 잡된 술수 중에서도 가장 허무맹랑한 것인데, 경연에서 강론하신다니 옳지 못합니다.”

임금이 말하였다.

“비록 그렇다 하더라도 그 근원을 탐구하지 않을 수 없다.”

안숭선 등이 다시 아뢰었다.

“전부터 이미 경전만을 강론해 왔는데, 이제 와서 잡된 학문을 강론한다면 오랜 공이 한 번의 실수로 무너지게 될까 두렵습니다. 한나라의 무제武帝는 육경六經을 널리 장려하고 유가 이외의 학문은 모두 물리쳤습니다. 우리 전하의 학문이 한 무제만 못해서야 되겠습니까? 그러나 잡학 역시 나라를 위해 필요한 것이니 완전히 없앨 수는 없습니다. 경학에 밝은 신하를 택하여 배우게 하되, 제조提調: 감독관를 두어 부지런하고 태만함을 살피고, 잘하고 못함을 평가하게 하소서."

_ 세종 15년(1433, 계축) 7월 7일

상참常參: 매일 아침 신하들에게 보고받는 일을 받고 경연에 나아가 『좌전』左傳: 『춘추좌씨전』을 강독하였다. 임금이 말하였다.

"내가 경서와 역사서 가운데 보지 않은 것이 없다. 지금은 늙어서 모두 기억하지 못하지만 독서를 계속 하고 있다. 왜냐하면 글을 보는 동안 정사에 도움되는 생각이 여러 가지로 일어나기 때문이다. 이러니 독서가 어찌 유익하지 않은가?

세자가 이미 사서오경과 『통감강목』을 읽었다. 임금의 학문이 해박할 필요는 없지만 어찌 이 정도에 만족하고 그만둘 수 있겠는가? 또한 지금은 중국어를 몰라서도 안 된다. 김하金何로 하여금 3일에 한 번씩 서연書筵: 세자를 위한 교육에 나아가 세자에게 『직해소학』直解小學과 『충의직언』忠義直言을 가르치게 하라. 비록 두 책을 다 공부했다 하더라도 중국어에 능통하기는 어려울 것이다. 그러나 모르는 것보다 낫지 않겠는가?"

_ 세종 20년(1438년, 무오) 3월 19일

2-5. 인쇄, 학문을 널리 알려라

임금이 주자소鑄字所: 활자의 주조를 담당하던 관청에 술 120병을 내려
주었다.

이전에는 인쇄를 할 때 구리판에 끓인 밀랍蜜蠟을 부은 다음
활자를 박아 굳힌 후 종이에 찍어 냈다. 하지만 이 방법은 밀랍
이 많이 들고, 하루에 겨우 두어 장밖에 찍지 못했다.

이번에 임금이 직접 지휘하여 공조참판 이천李蕆과 전前소윤
남급南汲에게 구리판을 다시 주조하게 하였다. 새로 만든 구리
판은 밀랍을 쓰지 않고도 활판 위에 활자가 잘 고정되기 때문에
그 모양이 똑바르다.* 그래서 하루에 수십 장까지 찍어 낼 수 있
다. 임금이 그들의 수고를 생각해서 술과 고기를 자주 내려 주었

* 경자년(세종 2년, 1420) 겨울에 시작하여 임인년(세종 4년, 1422) 겨울에 일을 마쳤으므
로 이 활자를 '경자자'(庚子字)라고 한다. 조선 최초의 동활자인 계미자(癸未字)의 단점
을 보완하여 만든 두번째 동활자였다.

다. 활자가 완성되자 『자치통감』을 찍어 내라고 명하고, 집현전에서 잘못된 곳을 교정하게 하였다.

_ 세종 3년(1421, 신축) 3월 24일

임금이 주자소에 명하여 활자 모양을 고쳐 책을 찍게 하고, 변계량에게 발문跋文: 본문 내용의 대강이나 간행 경위 등을 간략히 적어 책 끝에 싣는 글을 짓게 하였다.

"활자를 만든 것은 많은 서적을 인쇄하여 후세에게 길이 전하려 함이다. 이는 진실로 나라에 무궁한 이익이 될 것이다. 그러나 처음 만든 활자는 잘 고정되지 않아 인쇄를 맡은 사람이 일하는 데 어려움이 있었다. 경자년세종 2년, 1420년 겨울, 우리 전하께서 이를 문제로 여겨 공조참판 이천에게 명하여 활자를 새로 고쳐 만들게 하셨고, 지신사 김익정과 좌대언 정초에게 명하여 그 일을 감독하게 했는데, 일곱 달 만에 완성되었다. 인쇄하는 사람들이 모두 이를 편리하다 하였고, 하루에 인쇄한 것이 20여 장에 이르렀다.

태종께서 새 활자를 먼저 만드시고 주상 전하께서 계승하셨다. 활자가 더욱 정교하게 만들어져 전보다 나은 점이 있다. 이제 인쇄하지 못할 글이 없어 배우지 못할 사람이 없을 것이다. 학문의 교화가 나날이 흥성해질 것이고 세상의 도리는 더욱더 성대해질 것이다. 한나라·당나라의 임금들이 재화와 무기에만 정신을 쏟아 이를 나라의 급선무로 삼은 것에 비교한다면 하늘과 땅 차이니 실로 우리 조선 만세에 무궁한 복이다."

_ 세종 4년(1422, 임인) 10월 29일

임금이 지중추원사知中樞院事 이천을 불러 의논하였다.

"태종께서 처음으로 주자소를 설치하시고 큰 활자를 주조할 때에 조정 신하들이 모두 만들기 어렵다고 만류했다. 하지만 태종께서 강력하게 주장하여 만들게 하시고 여러 책을 인쇄하여 널리 반포하셨으니 이 어찌 거룩하지 않은가. 하지만 처음 한 일이라 제조가 정밀하지 못하여 인쇄할 때마다 밀랍을 밑에 펴고 그 위에 활자를 심어야 했다. 밀랍의 성질이 본디 부드러워 심은 활자가 제대로 고정되지 못해 겨우 두어 장만 인쇄하면 활자가 움직여서 많이 비뚤어지곤 했다. 매번 바로잡아야 하니 인쇄하는 자가 힘들어했다. 내 일찍이 경에게 이 폐단을 고쳐 보라고 명하였다. 경도 처음엔 어렵게 여겼으나 내가 밀어붙이자 지혜를 내어 활판을 만들고 활자도 새로 만들었다. 이렇게 만들어 낸 활자가 모두 바르고 고르며 견고하구나. 밀랍을 쓰지 않아도 되고 많이 찍어도 활자가 비뚤어지지 않으니 내가 아주 아름답게 여긴다.

그런데 지난번에 만든 '경자자'의 모양이 가늘고 빽빽하여 보기 어렵다는 의견이 있었다. 하여 이번에 대군들이 좀더 큰 활자로 고쳐 만들자고 청하였다. 근래 여진 정벌로 병기兵器를 많이 잃어 동이나 철을 사용할 곳이 많고, 또한 기술자들이 전국에 흩어져 있어 번거롭지만 이 일을 하지 않을 수가 없다."

이에 이천에게 명하여 감독하게 하고, 집현전 직제학 김돈, 직전直殿 김빈, 호군護軍 장영실, 첨지사역원사僉知司譯院事 이세형, 사인舍人 정척鄭陟, 주부注簿 이순지 등에게 일을 하게 하였다. 경연청에서 소장한 『효순사실』孝順事實, 『위선음즐』爲善陰騭, 『논어』 등의 책을 주어 활자의 본으로 삼게 하고, 부족한 글자는 진양대군수양대군에게 쓰게 하여 활자 20여 만 자를 만들었다. 이것으로 하루 40여 장을 찍으니, 글자체가 바르고 선명했다. 일하기도 예전에 비해 갑절이나 쉬워졌다. 갑인년에 만들어졌다 하여, '갑인자'甲寅字라 부른다.

_ 세종 16년(1434, 갑인) 7월 2일

『자치통감』을 인쇄할 종이를 각처에 나누어 만들게 했다. 종이 5만 권은 조지소造紙所: 종이 만드는 일을 하는 관아에서 만들게 했다. 10

만 5천 권은 경상도, 7만 8천 권은 전라도, 3만 3천5백 권은 각각 충청도와 강원도에서 만들게 했다. 합하여 30만 권을 만들라고 명하고 임금이 말하였다.

"닥나무는 국고의 쌀로 바꾸어 조달하고, 경내의 중들에게 의복과 음식을 주어 종이 뜨는 일을 하게 하라. 쑥대와 밀·보릿짚·대껍질·삼대 등은 구하기 쉬우니, 이를 닥나무와 5대 1로 섞어서 만들어라. 그러면 종이가 질길 뿐 아니라 책을 찍기에 적합해지고 닥나무도 아낄 수 있을 것이다."

_ 세종 16년(1434년, 갑인) 7월 17일

2-6. 과거, 해결책을 구하다

임금이 과거시험 문제를 내렸다.

"왕은 이렇게 말하노라. 예로부터 제왕은 정치를 할 때 먼저 그 시대에 적합한 제도를 마련했으니 역사를 보면 알 수 있다. 토지제도는 어느 시대에 시작되었는가? 하夏나라의 토지제도는 공법貢法*이었고, 은殷나라는 조법助法**이었고, 주周나라는 철법徹法이었다고 기록에 전한다. 이 세 나라의 법을 오늘날에도 시행할 수 있겠는가?

진秦나라 때는 정전법井田法을 폐지했으나, 한漢나라는 정전법

---

* 토지에 따라 정해진 세금을 내는 제도. 땅을 여섯 등급으로, 농사의 작황을 아홉 등급으로 나누어, 이를 근거로 등급에 따라 조세를 부과한다.
** 조법과 철법은 이름이 다르지만 그 방법은 비슷하다. 정전법(井田法)에 따라 땅을 우물 정(井)자 모양으로 나누고 중앙의 땅 1백 묘(畝)는 공동으로 경작하게 하여 그 수확을 조세로 바치게 한다. 나머지 여덟 집에 조법은 각각 70묘의 땅을, 철법은 1백 묘의 땅을 나누어 준다.

을 따랐다. 그런데도 한나라 문제文帝와 경제景帝의 시대에 이르러서는 거의 하夏·은殷·주周 삼대三代처럼 잘 다스려졌다. 이것은 무엇 때문인가? 왕망의 신新나라는 옛 제도를 그대로 따랐는데도 백성들이 원망했으니 그것은 또 무엇 때문인가? 당나라의 토지제도인 조租·용庸·조調***는 어느 시대의 제도를 따른 것인가? 백성들이 이 제도에 힘입어 부유해졌기 때문에 선대의 유학자들은 옛것에 가깝다고 여겼다. 그렇다면 이 제도 또한 후대에 시행할 수 있겠는가? 명明나라는 옛 제도에 따라 하나라의 공법을 채택했는데 그것이 단지 시행하기에 쉽고 편하기 때문인가?

　태조께서는 나라를 세우시고 가장 먼저 토지제도를 바로잡으셨다. 태종께서도 선왕의 뜻을 따라 백성들을 위한 정치를 펴셨다. 나는 덕이 부족한데도 왕업을 이어받았다. 선조의 가르침을 받들어 나라가 융성해지도록 잘 다스리고 싶지만 아직까지 그 방법을 얻지 못했다. 어떻게 해야 잘 다스릴 수 있겠는가? 일찍이 듣건대 나라를 다스리는 요체는 백성을 사랑하는 것보다 앞서는 것이 없다고 했다. 애민愛民의 시작은 백성들을 위한 제도를 만드는 것이다. 지금 백성들을 위한 일로는 토지와 공물에

*** 조(租)는 수확한 곡식에 대한 세금이고, 용(庸)은 부역을 대신해 내는 베나 무명이며, 조(調)는 지방 특산물로 부과하게 한 조세제도이다.

관한 제도보다 더 중요한 것이 없다.

　지금의 토지제도는 해마다 조사관을 뽑아서 여러 지역에 나누어 보내 직접 손실을 조사하여 세율을 정하는 손실損實법*이다. 그러나 조사관이 정확하게 조사하지 않고 백성들을 제대로 구휼하지 못하니 나는 매우 잘못되었다고 생각한다. 어떤 신하들은 '조사관을 따로 파견하는 것은 번거롭기만 할 뿐이니 그 지방의 감사에게 위임하는 것이 낫다'고 말한다. 하지만 한 도道의 책임자인 감사는 맡은 일이 많아 이 일까지 겸할 수 없다. 조사관을 따로 파견하는 것도 문제가 있고, 감사에게 겸임을 시킬 수도 없으니 이 법을 제대로 시행하기가 어렵다. 이 외에 시행해 볼 만한 제도가 있는지 생각해 보라.

　해마다 손실을 조사할 때 조사관의 사적인 감정에 따라 세율이 매겨진다면 백성들이 그 피해를 다 받게 된다. 이 폐단을 고치고자 한다면 마땅히 공법과 조법을 시행해야 할 것이다. 하지만 조법을 하려면 정전법井田法을 먼저 시행해야 한다. 정전은 역

* 농사 작황의 정도를 직접 조사하여 그 손실(損實)에 따라 조세를 부과하는 것이다. 이를 위해 해마다 작황을 파악해야 했는데, 공전일 경우 해당 지방수령이 시행하여 감사에게 보고하면 감사가 조사관을 보내 재차 답험하고 다시 감사가 3차로 검사해야 했다. 사전은 땅 주인이 임의로 답험하도록 했다. 이렇게 경작 상황을 일일이 조사하고 그 결과에 따라 세액을 정하는 것이니 백성들에게 이로운 법일 것 같으나, 실제로는 조사자에 의한 농민에 대한 수탈이 심해 세종 때 폐지되었다.

대의 중국에서도 시행하지 않았는데 하물며 우리나라처럼 산천이 험준하고 고원과 습지가 꼬불꼬불 얽혀 있는 곳에서는 시행할 수 없음이 명백하다. 공법은 『서경』「하서」夏書편에 기재되어 있고, 주나라의 마을 단위에서 시행했던 법이다. 공법을 시행하면서 단점을 고치려면 어떻게 해야 하겠는가?

공물제도는 어떻게 하는 것이 좋겠는가? 옛날에는 지역에 따라 공물을 정해 놓고, 그 지역에서 생산되지 않는 것들은 바치게 하지 않았다. 우리 왕조는 일찍이 관청을 두고 나라에서 필요한 비용을 헤아려 각 지역에서 나는 토산물을 상세히 정해 놓았다. 하지만 우리나라는 국토가 좁은데도 써야 할 곳은 많아서 옛 제도처럼 완벽하게 할 순 없다. 지금 어촌마을에 산촌에서 나는 토산물을 바치라 하니 자기 고장에서 생산되는 물품이 아니어서 백성들이 힘들어한다. 논의하는 자들이 다투어 '생산되는 지역으로 옮기면 편리할 것입니다' 하지만 이에 대해서 다른 자들은 이렇게 말한다. '어촌과 산촌의 특산물을 엄격하게 나누는 것 또한 어렵습니다.'

그렇다고 그 모두를 부과한다면 백성들이 어찌 감당할 수 있겠는가? 맹자는, '어진 정치[仁政]는 경계經界를 정하는 것으로부터 시작된다'고 하였고, 유자有子: 공자의 제자는, '백성이 풍족하면 임금이 어찌 부족하겠는가'라고 하였다. 내가 비록 덕이 부족하나 여기에 뜻을 두고 있다.

　그대들은 경술經術에 통달하고 정치의 요체를 알아 평소에 이 것을 배우고 익혔을 것이니 감추지 말고 다 진술하라. 뛰어난 글 은 장차 채택하여 시행하겠노라."

_ 세종 9년(1427, 정미) 3월 16일

2-7. 집현전, 인재양성소

처음에는 고려의 제도에 따라 수문전修文殿·집현전集賢殿·보문각
寶文閣의 대제학大提學과 제학提學은 2품 이상으로 임명하고, 직제
학直提學·직전直殿·직각直閣은 3, 4품으로 임명하였다. 관청도 없
고 직무도 없이 오직 문신에게 관직만 주었을 뿐이었다. 이제 다
른 관청은 모두 폐지하고, 오직 집현전만 남겨 두어 관사를 궁내
에 두었다. 문관 가운데서 재주가 있고 젊은 사람을 택하여, 오
로지 경전과 역사의 강론에 전념하게 하고 임금의 자문에 대비
하게 하였다.

_ 세종 2년(1420, 경자) 3월 16일

임금이 집현전 부교리副校理 권채權綵와 저작랑著作郎 신석견辛石堅
등을 불러 명하였다.

"내가 너희들을 집현관에 직접 임명한 것은 나이가 젊어 장래

가 촉망되기 때문이었다. 너희들의 공부가 실제 효과를 볼 수 있기를 바란다. 그러나 각각의 직무 때문에 아침저녁으로 독서에 전념할 겨를이 없을 것이다. 지금부터는 출근하지 말고 집에서 힘을 다해 책을 읽어 성과를 낼 수 있도록 하라. 그것이 내 뜻이다. 독서하는 방법은 변계량의 지도를 받으라."

_ 세종 8년(1426, 병오) 12월 11일

임금이 예조에 교지를 내렸다.

　"집현전 관원은 경서를 암송하는 강경講經과 주제에 따라 글을 쓰는 제술製述로 학문을 연마할 수 있도록 일찍이 법령을 세웠다. 그런데 요즘 집현전 관원들이 이것을 제대로 하지 않으니 이는 진실로 옳지 못하다. 서연관원書筵官員: 왕세자 교육 담당 관리들도 경서의 강론할 부분만 읽을 뿐 경서 전체를 읽지 않는다. 이역시 옳지 못하다. 이제부터 집현전 관원은 경사자집經史子集: 경서(經書), 사서(史書), 제자(諸子), 시문집(詩文集)을 통틀어 일컫는 말을 각자의 실력에 따라 나누어 강독하게 하라. 그리고 매일 어느 관원이 어디에서 어디까지를 강독했는지 정확히 기록해 두었다가 월말에 모두 보고하라. 또 매월 10일에 한 번씩 당상관堂上官: 관리 중 정책 결정에 참여하고 정치적 책임을 갖는 정3품 이상을 가리킴이 주제를 내고 글을 쓰게 하여, 1등 한 글과 순위에 든 글을 모두 월말에 보고하도록 하라. 서연관원과 세자의 스승들에게도 경서를 나누어 주어 강독하게 하라. 집현전 관원의 예에 따라서 시행하고, 영구적인 법도로 삼아라."

_ 세종 16년(1434, 갑인) 3월 17일

상참을 받고 경연에 나갔다.

"집현전을 설치한 것은 학자들로 하여금 학문과 문장에 전념하도록 하기 위한 것이다. 지난 정미년세종 9년, 1427년에 내가 직접 시험해 보았는데 집현전 관원들이 우수한 글을 써 내어 마음속으로 기뻐하였다. 이는 필시 집현전 관리들이 학문과 문장에 전념했기 때문이다. 그런데 최근에 들으니, 집현전 관원들이 집현전에서 일하기를 싫어하고 모두 대간臺諫: 사헌부와 사간원과 육조六曹: 6개의 중앙관청에서 일하기를 희망한다고 한다. 나는 집현전을 매우 중히 여겨 특별히 선별해서 뽑았고 대간과 다름없이 우대하였다. 하지만 공부를 싫어해서 관직을 옮기고자 한다니, 집현전 관원들이 이와 같다면 다른 보통의 관리들은 어떻겠는가? 신하로서 직무에 임하는 자세가 어찌 이와 같단 말인가? 그대들은 태만하지 말고 종신토록 학문에 전념하라."

_ 세종 16년(1434, 갑인) 3월 20일

2-8. 전문가를 키워라

주변국 언어를 모두 익혀라

임금이 신하들에게 말하였다.

"통역관으로 요동에 간 자들은 그곳에 머물러 있으면서 중국어를 배우게 하는 것이 유익하지 않겠는가?"

허조許稠가 대답하였다.

"통역관들은 중국 공관에서 오래 머무르기가 어려워 중국어를 들을 수 있는 기회가 적습니다. 지금 승문원承文院: 외교문서 및 이문교육을 담당한 관청을 설치하고 이문吏文: 중국과 주고받는 외교문서 및 우리 관청 공문서 등에 사용되던 독특한 한문의 문체을 전공하나 그 효과가 크지 않습니다. 이문에 도움이 될 만한 책을 주자소에서 출판해 주소서. 그리고 학관청學官廳을 세워서 학생들의 근태 상황을 보고하게 하소서."

임금이 말하였다.

"대개 언어라는 것은 그 어감을 잘 전달해야 말의 맛과 의미를 살릴 수 있다. 지금의 통역관들은 그 대략적인 의미만을 전달할 수 있을 뿐, 그 어감을 잘 살리지 못하니 안타까운 일이다."

_ 세종 14년(1432, 임자) 1월 7일

예조에서 보고하였다.

"일본어 생도들이 비록 부지런히 공부하고 있으나 관련된 벼슬자리가 없습니다. 그러니 모두 배우려고 하지 않습니다. 일본어의 발음과 글자가 중국과 달라서, 만일 힘써 권장하지 않는다면 앞으로 일본어를 하는 자가 사라질까 염려됩니다. 지금부터 그들의 일본어 능력을 시험하고 사역원司譯院: 외국어 통역과 번역에 관한 일을 담당하는 관청에 자리를 하나 마련하여 돌아가며 벼슬을 하게 하소서. 또한 생도 중에 능력이 뛰어난 자는 적당한 관직에 등용하소서."

_ 세종 3년(1421, 신축) 8월 8일

예조에서 보고하였다.

"몽고어는 위올진偉兀眞: 몽골의 위구르식 옛 글자를 한자음으로 전사한 것, 첩아월진帖兒月眞: 몽골제국 내에서 위구르진 문자와 함께 공식적으로 사용된 문자 두 가지를 공부해야 합니다. 조서詔書와 인서印書 같은 공식 문서에는 첩아월진을 쓰고, 상시 편하게 사용하는 문자에는 위올진을 사용하니 어느 한쪽도 없앨 수 없습니다. 그러나 지금 생도들은 모두 위올진만 익히고, 첩아월진을 공부하려고 하지 않습니다. 지금부터 사계절 첫 달에 시험을 치러 몽고어 인재를 뽑을 때는 첩아월진까지 시험하도록 하소서."

임금이 그대로 따랐다.

_ 세종 5년(1423 계묘) 2월 4일

예조에서 요청한 바에 의거하여 의정부가 임금께 아뢰었다.

"여진 문자를 아는 사람이 사라질 것을 우려하여, 일찍이 생도 여섯 명에게 벼슬을 내리고 여진 문자를 익히게 하였습니다. 먼 지방에서 올라오는 사람들이 객지에서 머무는 것이 어렵다고 하여 번갈아 오겠다는 청을 들어주었습니다. 1년마다 교대하게 했는데 생도들의 수가 적어 교대하는 것이 불편합니다. 청컨대 여섯 명을 더 늘려 모두 열두 명의 생도를 두고 부사정副司正과 사용司勇을 각각 한 명씩 더 두어서 상시로 학업을 닦게 하소서."

임금이 그대로 따랐다.

_ 세종 20년(1438, 무오) 7월 6일

예조에서 아뢰었다.

"유구국琉球國: 오키나와에서 가끔 사신이 오는데 우리나라에는 그들의 문자를 해석할 수 있는 자가 없습니다. 서울과 지방에 유구국 문자를 해석할 줄 아는 자를 찾아서 사역원 훈도訓導: 교관로 임명하여 일본어 생도들에게 유구국 문자를 겸하여 익히게 하기를 청합니다."

임금이 그대로 따랐다.

_ 세종 19년(1437, 정사) 11월 27일

역학과 산학 전문가를 양성하다

임금이 승정원에 교지를 내렸다.

"역서曆書: 달력와 산학算學: 수학을 공부하는 생도는 열흘에 한 번씩, 한 달에 한 번씩 시험을 보는데, 산서算書와 역경曆經 중 책 한 권을 강론하게 하라. 여기서 통通을 50회 이상 한 자를 골라 승급시키도록 하라. 그 중에 통을 가장 많이 받은 두 명은 체아직遞兒職: 교대로 근무하며 복무 기간에만 녹봉을 지급하기 위해 제정된 관직을 내려 주고, 그에 따라 관직에 임명하라. 그리고 6품으로 임기를 마친 자는 그후에 재주에 따라 임용할 수 있도록 하라. 직위를 받은 자는 통 50을 제외하고 남는 통을 기록해 두었다가 다음 승급심사[都曰] 때 3일을 병으로 못 나왔으면 통 하나를 삭제하고, 사유 없이 하루를 안 나왔으면 하나를 삭제하라. 사유 없이 30일 이상 안 나왔으면 죄를 물어 군에 복무하게 하라.

생도에 결원이 생기면 17세 이하로 총명하고 민첩한 자를 사부학당에서 세 사람, 양반의 자제 중에서 세 사람씩 뽑아, 그 중 자원하는 자를 제조가 여러 번 심사해서 결원을 메꾸도록 하라. 6품으로 임기를 마친 자 중에 산법에 밝은 자, 다른 관청에서 산법에 밝은 자 세 사람을 제조들이 선택하여 제거훈도提擧訓導로 삼고, 생도들은 그를 학관이라 부르게 하도록 하라. 산서와 역경을 읽게 하고 그것을 매일 장부에 기록하라. 사역원의 예에 따라서 생도들에게 매월 초 8일과 23일 두 번 휴가를 주고, 승지가 근태를 살피도록 하라."

_ 세종 30년(1448, 무진) 1월 23일

전문 악공을 키우다

예조에서 보고하였다.

"악공樂工으로 임기가 만료된 자를 내버려 두고 쓰지 않는다면 그 기예技藝가 너무 아깝습니다. 그렇다고 그대로 그 임무를 계속 맡겨 녹봉을 줄 수도 없습니다. 그러니 전악典樂: 봉급을 주기 위해 임시로 두었던 체아직을 이미 지낸 자는 모두 사계절의 첫 달 시험에서 다시 뽑아 8, 9품의 행직行職: 품계는 높으나 직위는 낮은 벼슬으로 임명하여 그대로 벼슬을 시켜 주시기 바랍니다."

임금이 그대로 따랐다.

_ 세종 5년(1423, 계묘) 2월 5일

맹인 전문 반주자

관습도감사慣習都監使 박연朴堧이 아뢰었다.

"관현의 음악을 맡은 장님은 모두 외롭고 가난하여 하소연할 데가 없는 자들입니다. 지난해에 뽑아서 관습도감에 들어온 사람이 겨우 열여덟 명 정도인데 재주가 있는 사람은 4, 5명에 지나지 않습니다. 그 나머지는 모두 능숙하지 못하고 취할 만한 재주가 없습니다. 관현의 음악을 익히는 일은 고생스럽지만 복서占(占)의 일은 처자를 봉양할 만하니, 총명하고 젊은 맹인들은 모두 음양학을 배우지 음률을 익히지 않습니다. 만약 이들을 격려할 방법이 없다면 맹인들의 음악[瞽樂]은 끊어질 것입니다. 옛날의 제왕은 장님을 모두 악사로 삼아서 현송絃誦: 거문고를 타며 시를 읊음을 맡겼습니다. 이는 그들에게 눈이 없어 소리를 잘 살피기 때문이며, 또한 세상에는 버릴 사람이 없기 때문입니다. 이렇게 쓰임을 찾아 그들을 돌보는 은혜가 있어야 합니다.

청컨대 이미 관습도감에 소속된 열여덟 명 중에서 연회에서 연주한 경험이 많은 사람은 동반 5품 이상의 검직檢職: 작호만 있고 직무상의 일이 없던 예우직을 제수하고, 그 나머지도 모두 벼슬을 내려 주소서. 만약 총명하고 젊은 맹인이 음악을 하겠다고 자원하는 경우에는 처음에 7품 검직에 임명하시고, 후에 능숙해지면 참직 參職: 종6품 이상의 관원을 내려 주시기 바랍니다.

이렇게 이들을 위한 길을 열어 준다면, 우리에게 있어서도 비용을 들이지 않고 은혜를 베푸는 것이며, 저들에게 있어서도 음악을 권장하는 것이 되니 도리에 어긋나지 않을 것입니다. 더군다나 점치는 장님에게 검직을 주는 것은 이미 그 전례가 있습니다. 그들에게 쌀을 내리는 것도 봄·가을 두 철에 국한하지 말고 사계절마다 주어 이들을 격려하소서."

임금이 명하여 상정소에서 의논하여 아뢰도록 하였다.

_ 세종 13년(1431, 신해) 12월 25일

2-9. 허물보다 능력이 우선

술 마시고 실수한 임금의 비서

사헌부가 우부대언右副代言 이대李臺를 탄핵하였다.

이날 지신사知申事 곽존중郭存中, 우대언右代言 김맹성金孟誠, 우부대언 이대, 동부대언同副代言 정흠지鄭欽之가 승정원에서 식사를 하고 있었다. 사헌부 장령掌令: 감찰업무를 담당하던 관직 양활梁活이 계본啓本: 조선시대 임금에게 큰일을 아뢸 때 제출하던 문서 양식을 가지고 승정원에 왔다. 대언代言: 왕명 출납을 비롯한 왕의 비서일을 함들이 별감別監을 시켜 지금 식사하는 중이니 기다리라고 말했다. 그런데 술에 취해 사람이 기다리고 있다는 것을 까맣게 잊어버렸다. 날이 저물 때에야 겨우 기억해 낸 이대가 나가서 계본을 받았으나, 장령 양활에게 인사도 하지 않았다. 이에 양활이 노하여 사헌부에 고발하였다. 사헌부에서 대언들과 서리를 잡아다가 진술을 받고 우부대언 이대를 탄핵하였다.

_ 세종 6년(1424, 갑진) 8월 26일

임금이 곽존중, 김맹성, 정흠지, 이대를 앞으로 나오게 하고 말하였다.

"내 그대들이 각기 제 직무를 잘하는 줄로만 알고 있었다. 그런데 어제 그대들이 한 짓을 들으니 내가 그동안 잘못 생각하고 있었던 것 같다. 대간臺諫: 사헌부와 사간원 관원은 내가 특히 공경하고 중하게 여기는 직책인데, 어찌 그런 무례를 저질렀는가?"

곽존중이 대답하였다.

"어제는 다들 시제사 지내러 집에 돌아가야 해서, 헤어지기 전에 잠시 술자리를 가졌던 것인데 그만 취해서 실수하고 말았습니다."

임금이 말하였다.

"제사를 올리기 전에는 부정한 일을 멀리하고 심신을 깨끗이 해야 하는 법인데 어찌 그리하였는가? 내가 그대 네 사람을 쉽게 파직시키지 않을 줄 알고 그런 것인가? 만일 내쫓으면 내가 보고 싶어도 다시는 보지 못할 것이다. 나는 사헌부가 이대를 탄핵한 것도 맞다고 생각하지 않는다. 어제의 실수는 지신사 곽존중과 동부대언 정흠지에게 있다. 한 사람은 행수行首고 다른 사람은 방장房掌이니, 사헌부에서 이 두 사람을 논핵해야 옳다. 우부대언 이대는 그날 당직이었을 뿐 아직 나이도 어리고 일에 미숙하다. 곽존중과 정흠지는 나이도 많고 경험도 많은데 어찌 이런 행동을 하였는가? 내가 태종 이래로 사헌부에서 대언들을 잡아다가 심문했다는 소리는 듣지 못하였다. 내 어제 그대들의 실수를 듣고 밤새 잠을 이루지 못했다."

곽존중이 울며 아뢰었다.

"신들의 죄가 실로 깊고 큽니다."

곽존중 등이 몸둘 바를 몰라 땀을 흘리니, 임금이 말하였다.

"이후부터 다시는 그렇게 하지 말라."

그러고는 임금이 모두 다시 자신의 관직으로 돌아갈 것을 명하였다.

_ 세종 6년(1424, 갑진) 8월 27일

염치없고 탐오한 정승, 황희

좌사간左司諫 김중곤金中坤 등이 상소하였다.

염치廉恥는 신하로서 마땅히 힘쓸 바이며, 탐오貪汚는 국법으로써 반드시 징계해야 할 일입니다. 벼슬이 낮은 자도 탐오의 죄를 범하면 평생 흠이 되어 다시는 벼슬할 수 없거늘, 하물며 정승은 어떻겠습니까? 영의정 황희는 일찍이 좌의정으로 있으면서 친한 사람의 사정을 봐주었습니다. 제주감목관 태석균太石鈞이 말을 천 마리나 죽여 죄를 받게 되었는데, 황희는 태석균의 처벌이 결정되기 전에 사헌부에 부탁하여 임명장을 돌려주게 했습니다. 대신으로서 나라를 공정하게 다스리려는 뜻이 보이지 않습니다. 그런데 전하께서 특별히 은혜를 내리시어 파직만 시키시니, 이는 황희에게는 다행이지만 나라에는 큰 불행입니다.

게다가 황희는 교하交河: 파주의 둔전屯田: 군량이나 관청의 경비에 쓰도록 지급된 땅을 개간한 공으로 그 땅을 받았습니다. 그럼에도 부족하다고 여겨서 종을 시켜 다시 관청에 소장을 내어 결국 남은 땅까지 모두 얻었습니다. 이는 노나라 정승 공의자가 베틀을 던지고 아욱을 뽑아 버린 거직발규去織拔葵*의 뜻과는 거리가 먼 것입니다.

황희가 이런 죄를 지은 지 아직 한 해도 지나지 않았는데 전하께서는 그를 영의정에 임명하여 백관百官의 우두머리로 삼

---

* 노나라 정승 공의자(公儀子)가 아내가 베틀을 놓고 비단을 짜는 것과 마당에 심은 아욱을 보고 노하여, "내가 나라의 녹을 받는데 어찌 집에서 비단을 짜고 아욱을 심어 여자 직공과 농부의 이익까지 빼앗느냐?"라고 하였다고 한다.

고, 또한 세자의 스승까지 겸하게 하셨습니다. 황희 자신도 이를 부끄러워하지 않고 받아들였습니다. 황희는 국정을 의논하고 백성들을 살펴야 하는 직책과 세자를 기르고 보좌하는 임무에는 결코 맞지 않습니다. 엎드려 바라오니, 전하께서는 그를 파면하여 모든 사람들이 바라는 바를 따르소서.

임금이 말하였다.

"나는 그대들이 숨김없이 말하는 것을 가상하게 여긴다. 하지만 황희의 일은 모두 애매하여 사실이 밝혀지지 않았다. 그러니 의리상 파면할 수 없다. 나라를 다스리는 대신을 어찌 작은 과실로 가볍게 파면할 수 있겠는가? 그리고 황희가 세자의 스승이 된 것은 예전부터인데, 어찌하여 이제 와서 안 된다고 하는가?"

이에 거듭 청하여도 임금이 윤허하지 않았다.

_ 세종 13년(1431, 신해) 9월 8일

뇌물을 받고도 거듭 등용된 조말생

사간원에서 상소하였다.

감사監司: 지방의 장관의 임무는 전하의 눈과 귀가 되어 한 지방을 다스리는 것입니다. 수령들의 청렴함과 부정함을 감찰하고, 백성들의 즐거움과 슬픔을 살펴야 하니 그 임무가 지극히 중대합니다. 하여 감사는 반드시 공평하고 청렴하고 정직하여 다른 사람들의 모범이 되어야 합니다. 한데 조말생은 이전에 뇌물을 받아 전하를 속이고 저버렸으며, 사대부의 기풍을 어지럽힌 자입니다. 이것을 아는 사람들 중에 그를 비루하게 여기지 않는 이가 없습니다.

그런데 최근 전하께서 조말생을 동지중추원사同知中樞院事에 임명하셨습니다. 신들이 여러 번 상소하여 파직시키기를 청하였으나 윤허를 받지 못했습니다. 분통함을 이기지 못하고 있는데 성상께서 조말생을 함길도 감사에 임명하셨습니다. 본체가 곧아야 그림자가 바르고 자신의 행실을 바르게 한 뒤에라야 다른 사람도 바로잡을 수 있는 것입니다. 어찌 부정한 몸으로 한 지방의 감사가 되어 백성들을 바로잡을 수 있겠습니까? 수령들도 조말생이 행한 바를 안다면 공경하거나 두려워하지 않을 것입니다. 엎드려 바라건대, 파직을 명하시고 감사를 신중하게 선정하소서.

임금이 말하였다.

"함길도의 백성들은 최근 명나라 사신 접대로 매우 곤궁하고 피폐해졌다. 게다가 근래 감사로 부임한 자들이 백성들을 제대로 구제하지 못하여 내가 심히 염려하고 있었다. 조말생은 태종의 근신近臣으로 나라의 일을 두루 잘 알고 있다. 신하들 중에 조말생만 한 자가 없다. 그러니 내가 어쩔 수 없이 그를 임명한 것이다. 상황이 이러하니 파직시키라는 그대들의 청을 내가 허락할 수 없다."

이만간李萬幹이 아뢰었다.

"작은 고을의 아전일지라도 가려 뽑아야 합니다. 하물며 한 도의 모범이 되어야 하는 사람은 어떻겠습니까? 신하들 중에 어찌 조말생만 한 자가 없겠습니까? 공정하고 청렴한 사람을 다시 골라서 임명하소서."

임금이 말하였다.

"내가 그대들의 말을 아름답게 여긴다. 하지만 조말생만 한 인물이어야 함길도의 백성을 구제할 수 있다. 이번에는 그대들의 청을 윤허할 수가 없다."

_ 세종 15년(1433, 계축) 1월 21일

2-10. 그만두지 못하는 노신들

영의정 이직李稷이 글을 올려 사직辭職을 청하였다.

신은 품성이 미련하옵고 학문이 부족합니다. 또한 몸이 약
하여 풍風과 기氣에서 오는 병이 더욱 심해지고 있습니다. 게
다가 노쇠하여 잊기를 잘하며 생각이 정밀하지 못합니다.
특별히 전하의 성은을 입어서 모든 관료의 우두머리가 되었
으니, 그 은총이 막중합니다. 하지만 신이 어리석어 전하의
은혜를 티끌만큼도 갚지 못하고 있음을 항상 부끄럽게 여깁
니다.

요새 음양이 순서를 잃고 달과 별이 괴이한 변고를 보이나,
신은 어리석어서 그 까닭을 알지 못합니다. 다만 근심과 두
려움이 깊을 뿐입니다. 예전부터 '육기六氣가 화순和順하지
못하면 재앙이 생기는 것이니, 벼슬을 피하여 기도한다'라

는 말이 있습니다. 신이 어리석어 일의 기미를 살피지 못하고 훗날을 대비하지 못했습니다. 또한 벼슬에서 물러나 어진 이가 승진할 길을 열어 주지도 못하고 우물쭈물하고 있으니 심히 부끄럽습니다. 이에 개국공신이라는 이름을 더럽히고 있을 뿐입니다. 벼슬자리에서 물러난다고 해서 어찌 나라를 잊을 수 있겠습니까. 엎드려 바라건대 전하께서 신의 노쇠함을 살피시고 신의 어리석음을 불쌍히 여기시어, 널리 어질고 지혜 있는 이를 찾아 신을 대신하게 하소서.

임금이 허락하지 않고 말하였다.

"경의 잘못이라고 자처하지만, 하늘의 기운이 불순한 것은 과인의 잘못이지 그대의 탓이 아니다."

곧 집현전 응교應敎 유효통兪孝通을 보내어 사직서를 그의 집에 돌려보냈다. 조금 후에 이직이 입궐하여 굳이 사양하며 다시 아뢰었다.

"신이 한 집안의 일로 비유하여 살펴보건대 가장과 하인들이 선량하면 모든 일이 바르게 되지만, 하인 가운데 한 사람이라도 선량하지 못한 자가 있으면 모든 일이 어긋나고 잘못되는 법입니다. 이로 미루어 보면, 신이 어리석고 노쇠한 몸으로 모든 관료의 우두머리 자리를 더럽히고 있는 것입니다. 이제 신은 쓰임이 다했으니 젊고 덕이 있는 자를 찾아 신을 대신하게 하소서.”

임금이 말하였다.

“바삐 뛰어다니고 체력을 써야 하는 일이라면 젊은 사람을 등용하는 것이 옳을지 모른다. 하지만 앉아서 도리를 논하는 일이라면 경을 버리고 누가 있겠는가? 갑자기 사직하여 나의 근심을 더하지 말라.”*

_ 세종 7년(1425, 을사) 12월 10일

판중추원사判中樞院事 허조許稠가 아뢰었다.

“신은 기질이 본래 약한데 나이가 70 가까이 되니, 심신이 혼매하여 앞뒤를 기억하지 못합니다. 또한 오래된 병이 더욱 심해져 걷기조차 힘듭니다. 하여 이전에 상소를 올려 사직을 청하였으나 윤허받지 못했습니다. 전하께서 출근하지 말고 마음 편히 병을 치료하라고 특별히 명하시어 곡진하게 보호해 주시니 성은이 망극합니다. 신이 목석이 아니거늘 어찌 감사함을 알지 못하겠습니까?

그러나 신은 종실과 외척이 아니고 공훈과 문벌이 있는 것도

* 이직은 세종 8년(1426)에 비로소 사직을 윤허받고, 세종 13년(1431)에 예순아홉의 나이로 졸(卒)한다.

아닌데 출근하지 않고 녹을 받을 수 없습니다. 황공하고 부끄럽고 근심하고 두려워서 어찌할 바를 모르겠습니다. 두 번이나 전하의 마음을 어지럽히니 불충이 되겠으나 감히 또 아룁니다.

신은 본래 자질이 변변치 않은데 다행히 어진 전하를 만나 지나치게 큰 은혜를 입어 벼슬이 이 자리에까지 이르렀습니다. 총애와 영광이 분수에 넘쳤으니 돌보아 주신 덕이 하늘같이 끝이 없습니다. 숨이 붙어 있는 동안 노둔한 재주를 다하여 만분의 일이라도 보탬이 되고자 자나깨나 마음을 졸였습니다. 어찌 감히 몸을 사리고자 하겠습니까? 다만 나이가 들어 노쇠하니 온갖 병으로 움직이기조차 어렵습니다. 한가로이 지내며 마음을 다해 섭생하기를 바랍니다. 엎드려 바라건대, 성상께서 천지의 도를 본받으시고 부모의 마음으로 신을 벼슬에서 물러나게 해주소서. 병을 치료하는 데 힘써 다만 며칠이라도 생명을 연장하기를 바랍니다."

임금이 말하였다.

"이렇게까지 말을 하니 내 마음이 더욱 편치 않다. 경은 일하지 않고 녹을 받는 것을 개의치 말라. 편안히 마음을 다해 병을 치료하라."

허조가 감사의 인사를 올렸다.

"숨이 붙어 있는 동안 어찌 나라를 잊겠습니까. 다만 이 몸이

약하고 병들어 그만두기를 청한 것인데, 또 윤허를 얻지 못하오
니 몸 둘 바를 모르겠습니다."*

_ 세종 16년(1434, 갑인) 12월 8일

처음에 영의정 황희가 도승지 김돈金墩에게 말하였다.

"내가 예전부터 하혈병下血病이 있었는데, 근래 다시 발병하여
눈과 귀가 더욱 어두워져 직무를 감당할 수 없어 사직을 청하는
글을 올리려고 한다. 몇 해 전에도 여러 번 사직을 청하는 글을
올렸으나 모두 윤허를 받지 못하였기에, 성상의 뜻을 두려워하
여 감히 아뢰지 못하고 있다."

황희가 임금께 올리는 시를 지어 김돈에게 부쳤다.

"제가 진실로 나라에 털끝만 한 도움이 못 되는 것은 길 가는
사람도 다 아는 바입니다. 근래 노병이 더욱 심하고 몸이 굽어서
조회에 참석하려고 길을 나서면 가다가 넘어지고, 귀가 어둡고
잘 잊어 정신이 혼매합니다. 일이 없는 한직으로 내치시는 것이
제 분수에 마땅하건만 아뢸 길이 없어 부끄러움을 무릅쓰고 명
을 수행했습니다. 감히 미천한 글을 주상께 올리니 한번 보시고

---

* 허조는 세종 21년(1439)까지 사직을 윤허받지 못하고 계속 일하다가 그 해에 71세의
나이로 졸한다.

웃으시기 바랍니다."

벼슬을 사직하고 고향에 돌아갈 나이에
관직에 머물면서 일없이 도당에서 밥 먹으니
이 얼마나 뻔뻔스러운가
조정에 나의 늙음 말씀드려
백발 늙은이 고향 산천 다니게 하소서

도승지 김돈이 황희의 뜻을 임금께 아뢰었다.
임금이 말하였다.
"영의정이 과연 정신이 흐리고 눈이 어두운가? 그대가 보기
에는 어떠한가? 치사致仕: 나이가 많아 벼슬을 사양하고 물러남하여야 마
땅하겠느냐?"
김돈이 아뢰었다.
"신의 소견으로는 귀가 어두운 것은 사실이나, 정신은 아직
혼매하지 않습니다. 황희의 덕과 지혜는 세상에서 보기 드뭅니
다. 늙고 병들어 허리가 굽었을지라도 그만두게 하는 것은 마땅
치 않습니다. 집에 누워서라도 나랏일을 보게 하는 것이 옳겠습
니다."
임금이 말하였다.

"그렇다."*

_ 세종 21년(1439, 기미) 6월 11일

* 황희는 세종이 죽기 전 해(1450)에야 비로소 사직을 윤허받는다. 문종 2년(1452)에 88세의 나이로 졸한다.

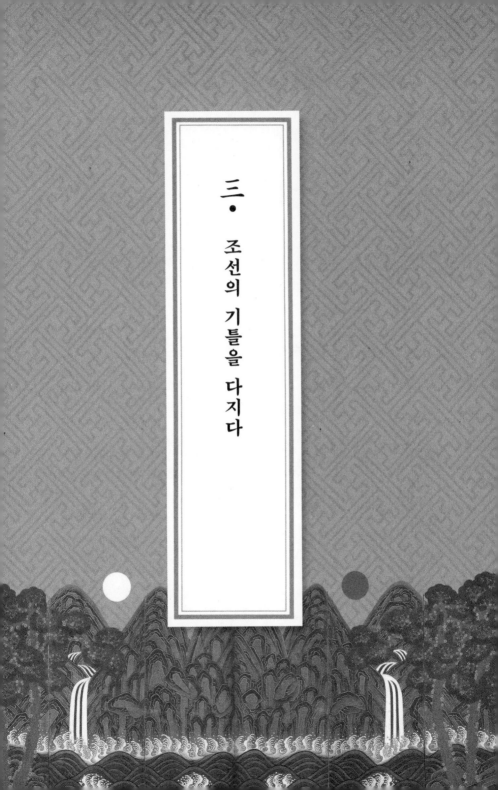

三.

조선의 기틀을 다지다

3-1. 나라의 계보를 세우다

나라의 시조, 단군

전前 판한성부사判漢城府事 유사눌柳思訥이 상소를 올렸다.

신이 「세년가」世年歌: 역대 제왕들의 치란흥망과 성현들의 사적을 노래한 시가로 권제(權踶)가 지음를 살펴보니 조선의 시조는 단군입니다. 그의 탄생은 보통 사람들과 달랐으며, 죽어서는 신이 되었습니다. 그처럼 나라를 오래 다스린 왕은 전무후무합니다. 지난번에 전하께서 담당 관리에게 명하여 사당을 세우고 제문을 짓게 하셨습니다. 그때 담당 관리가 사실을 고증하지도 않고 평양에 사당 세우기를 청하였습니다. 그런데 신의 숙부 유관柳寬이 그것이 잘못됐다고 지적하여 일이 시행되지 못했습니다.

신이 「세년가」를 상고해 보니, 단군은 처음에 평양에 도읍했다가 그후에는 백악白岳*에 도읍했으며, 은나라 무정武丁 8년 아사달산阿斯達山: 황해도 구월산에 들어가 신이 되었습니다. 당시 노래에 '1천48년 동안 나라를 다스리고 지금도 사당이 아사달에 있네'라고 했으니, 어찌 그 근거가 없겠습니까? 또한 고려 때도 구월산 아래에 사당을 세웠고, 그 사당 터와 위패가 아직도 남아 있습니다. 이것은 「세년가」의 기록과도 일치하니, 신은 단군 사당을 구월산에 세우는 것이 맞다고 생각합니다. 성상께서 허락해 주시기 바랍니다.

임금이 예조에 상고해 볼 것을 명하였다.

_ 세종 18년(1436, 병진) 12월 26일

삼국 시조의 사당을 세워라

임금이 일찍이 예조에 명하여 삼국 시조의 사당을 세우도록 했다. 예조판서 신상申商이 아뢰었다.

"주周나라 말년에 칠국七國: 전국 칠웅. 진(秦)·초(楚)·연(燕)·제(齊)·조(趙)

---

* 평양으로 보기도 하고, 황해도로 보기도 한다.

· 위(魏) · 한(韓)이 자웅을 다투어 계통을 정하지 못했습니다. 우리 나라도 통일되기 전까지는 삼국의 다툼이 주나라 칠국시대와 같지 않았습니까?"

임금이 말하였다.

"그렇지 않다. 옛일을 상고해 보면 우리나라는 삼국의 시조가 있기 전에는 십이한十二韓과 구한九韓이 있어서 나라의 경계가 분명하지 않았다. 삼국이 이를 합쳐 놓은 것이니 그 공로가 진실로 적지 않다. 마땅히 이를 기리는 사당을 세워 그 공에 보답해야 할 것이다."

_ 세종 8년(1426, 병오) 11월 5일

정사를 보았다. 예조판서 신상이 아뢰었다.

"삼국 시조의 사당은 마땅히 그 나라의 도읍에 세워야 할 것입니다. 신라는 경주요, 백제는 전주입니다. 그러나 고구려의 도읍은 어딘지 모르겠습니다."

임금이 말하였다.

"역사를 상고해 보면 쉽게 알 수 있을 것이다. 각 나라의 도읍에 세우지 않더라도 그 나라가 위치했던 지역에 세우면 될 것이다."

이조판서 허조가 아뢰었다.

"제사는 공에 보답하기 위해 지내는 것입니다. 우리 왕조의 제도와 문물은 대부분 신라에서 비롯되었으니 신라의 시조만 제사를 지내는 것이 어떻겠습니까?"

임금이 말하였다.

"당시 삼국은 솥의 세 발처럼 서로 막상막하하였다. 이 나라는 버리고 저 나라만 취할 수는 없다."

_ 세종 9년(1427, 정미) 3월 13일

3-2. 조선의 음을 만들다

임금이 경연에서 음악에 대하여 이야기하였다.

"박연朴堧이 조회朝會의 음악을 바로잡으려고 하는데, 바르게 한다는 것은 실로 어려운 일이다. 『율려신서』律呂新書: 중국 음악이론서도 형식만 갖추어 놓은 것일 뿐이다. 우리나라 음악이 다 잘 되었다고 할 수는 없으나, 중국에 부끄러워할 것도 없다. 중국의 음악인들 어찌 모두 바르다 할 수 있겠는가?"

_ 세종 12년(1430, 경술) 12월 7일

임금이 근정전勤政殿: 경복궁의 정전에 나아가 회례연會禮宴: 설날과 동지에 베풀던 잔치을 베풀었는데, 이때 처음으로 아악雅樂: 궁중의식에서 연주하는 음악을 연주하였다.

고려 예종睿宗 때 송나라 휘종徽宗이 제례에 쓰는 종鍾·경磬 각 1가架와 금琴·슬瑟·생笙·우竽·화和·소簫·관管 등의 악기를 2부部씩 내려 주었는데 그 소리가 매우 정교했다. 하지만 홍건적의 난이 일어나 악기를 지키기 어려웠는데, 어느 늙은 악공이 종·경을 연못 속에 던져 겨우 보전할 수 있었다. 명나라 태조와 태종도 후에 종과 경을 내려 주었으나 악기가 조잡하고 소리도 아름답지 못했다. 송나라에서 내려 준 악기만이 제대로 된 것이었다.

이전 우리나라의 제례악祭禮樂: 제사에 쓰이는 음악은 팔음八音을 갖추지 못했다. 악공들은 봉상시奉常寺: 나라의 제사를 관장하는 관서에 보관되어 있는 옛날의 십이관보十二管譜: 악보만 배울 뿐이었고 음률音律이 어떠한지 제대로 알지 못했다. 제사를 지낼 때는 흙으로 구워 만든 와경瓦磬을 썼고, 종도 어지러이 매달아 놓을 뿐 그 수도 갖추지 못하여 기준도 없고 제멋대로였다. 그러나 이것은 그대로 관례가 되었다.

을사년세종 7년, 1425년 가을에 검은 기장*이 해주에서 나고, 병오년세종 8년, 1426년 봄에 편경編磬을 만들 돌이 남양南陽: 남양주에서 발견되었다. 임금이 마침내 예전 것을 개혁하여 새로 제작할 뜻을 가지고 박연에게 편경을 만들라고 명하였으나 우리나라에는 음의 기준이 될 만한 악기가 없었다. 하여 박연이 해주의 검

* 박연은 국악의 기본음을 중국음악과 일치시키기 위해 그 기준음을 맞추는 율관을 만들었다. 그는 국악의 기본음인 황종음을 낼 수 있는 황종율관(黃鐘律管)의 길이를 결정하기 위해 해주산 검은 기장 100알을 나란히 쌓아 그 길이를 황종척 1척으로 정하였다.

은 기장 알을 가지고 푼分과 촌寸에 맞춰 음의 기준으로 삼았다. 옛 학설에 의거하여 황종黃鍾 1관管을 만들어 불어 보니, 그 소리가 중국의 종·경이 내는 황종의 음과 당악唐樂*의 필률觱篥: 중국 피리 합자성合字聲보다 약간 높았다.

옛 자료를 상고하니 다음과 같았다.

"토지가 기름지냐 메마르냐에 따라 기장이 크거나 작으니, 성음聲音의 높낮이가 시대마다 다르다."

송나라의 진양陳暘이 또 말하였다.

"대나무를 많이 잘라 보고 그 기후에 따라 일정한 음을 정하는 것이 가장 좋다."

우리나라는 동쪽에 치우쳐 있어 중국과 풍토가 전혀 다르다. 기후를 살펴 음률을 구하려 해도 그런 경험이 없다. 우리나라에서 나는 기장은 중국의 기장과 크기가 다를 것이다. 이에 해주의 검은 기장 모양을 본따 밀랍으로 그보다 큰 낟알을 만들어서 푼과 촌에 맞춰 쌓아 관을 만들었다. 밀랍으로 만든 낟알 크기가 우리나라 붉은 기장과 똑같았다. 낟알 하나의 길이를 1푼으로 삼고 낟알 열 개를 1촌으로 하여 9촌을 황종의 길이로 삼았으니

---

* 통일신라시대와 고려시대에 유입된 당나라의 음악과 송나라의 음악을 말한다. 우리나라 고유의 음악인 향악과 구분하기 위해 붙인 이름이다.

곧 90푼이다. 여기에 1촌을 더하면 바로 기준음인 황종척黃鍾尺
이 된다.

황종율관의 원경圓徑은 3푼 4리釐 6호毫약 12㎜로 정하였다. 이
에 몸피가 단단하고 두꺼운 해죽海竹을 골라 맞춰 뚫으니 바로
원경의 푼수分數에 일치하였고, 관의 길이도 딱 맞았다. 이 대나
무관에 밀랍으로 만든 기장 낟알 1천 2백 개를 넣으니 진실로
남고 모자람이 없었다. 불어 보니 중국에서 보낸 종·경의 황종
음과 당악의 필률 합자성과 일치하였다. 그러므로 이 관을 기준
으로 삼분손익三分損益하여 12율관律管**을 만들어 부니 소리가
조화로웠다. 악기가 완성되자 제례악 팔음八音에 기준이 생겼다.
한 달이 지나서 새로운 편경 2가가 완성되었다.

지신사 정흠지 등이 박연에게 물었다.

"편경의 형태와 소리는 어디에서 본받았는가?"

박연이 말하였다.

** 삼분손익은 율의 기본인 황종율관에서 시작하여 삼분손일(三分損一)과 삼분익일(三
分益一)을 차례로 반복하여 율관의 길이를 정하는 법칙이다. 삼분손일이란 일정한 관
의 길이를 3등분 하여 그중 3분의 2만으로 소리를 낸다는 뜻이며, 삼분익일이란 관의
길이를 3등분 한 다음 그 3분의 1만큼을 더 늘여 3분의 4를 만들어 소리를 낸다는 뜻이
다. 12율관은 음악에 쓰이는 율(律), 즉 기본이 되는 음을 불어서 낼 수 있는 악기이다.
중국과 우리나라에서는 한 옥타브를 황종·대려·태주·협종·고선·중려·유빈·임종·이
칙·남려·무역·응종의 12반음(半音)으로 나누었다. 이 12반음들을 12율려(律呂), 또는
줄여서 12율이라고 한다.

"형태와 제도는 모두 중국에서 내려 준 편경을 기준으로 하였고, 소리는 신이 스스로 12율관을 만들어서 조율하였습니다."

여러 대언들이 박연에게 말하였다.

"중국의 음을 버리고 스스로 율관을 만드는 것이 옳은가?"

모두가 터무니없다고 말하니, 박연이 글을 갖추어 아뢰었다.

"지금 만든 편경의 형태와 제도는 모두 중국을 따른 것입니다. 그러나 중국 편경의 대려大呂로 표시된 소리가 도리어 태주太簇보다 높았고, 유빈蕤賓이라 표시된 음은 도리어 임종林鍾보다 높으며, 이칙夷則은 남려南呂와 같고, 응종應鍾은 무역無射보다 낮았습니다. 높아야 할 것이 낮고, 낮아야 할 것은 높았습니다. 이를 보니 같은 시대에 제작된 악기가 아닌 듯 합니다. 여기에 맞춰 제작하면 음이 결코 조화로울 수 없습니다. 하여 중국 황종 소리에 의거하여 황종의 관을 만들고, 그에 따라 더하거나 빼서 황종율관을 완성하여 음률을 맞추었습니다."

이에 중국의 편경 1가, 새로 만든 편경 2가, 소簫·관管·방향方響 등의 악기를 모두 새로 만든 율관에 맞추게 하였다.

임금이 편경의 소리를 듣고 말하였다.

"중국의 편경은 소리가 조화롭지 않았다. 지금 만든 편경이 바르게 된 것 같다. 편경을 만들 수 있는 돌을 얻어 참으로 다행이다. 그 소리가 매우 맑고 아름답구나. 또한 황종율관을 만들어

음을 조율했으니 이것은 뜻하지 않은 데서 나온 것이지만 나는 매우 기쁘다.* 다만 이칙夷則 1매枚의 소리가 약간 높은데 무엇 때문인가?"

박연이 즉시 살펴보고 아뢰었다.

"편경을 잘라 내기 위해 친 먹줄이 아직 남아 있습니다. 제대로 다 갈지 않아서 음이 높았습니다."

물러가서 편경을 갈자 먹줄이 사라지고 소리가 바르게 되었다. 편경이 완성되자 박연에게 악기를 제작하는 임무를 맡게 하였다. 병오년세종 8년, 1426년 가을부터 무신년세종 10년, 1428년 여름까지 남양의 돌을 다듬어서 종묘 영녕전의 편경 및 여러 제사에 통용하는 편경·등가편경登歌編磬·특경特磬 등을 만들었는데 모두 528매이다.

임금이 또 박연에게 명하였다.

"내가 조회의 아악을 창제하고자 한다. 예로부터 입법立法과 창제創製는 어려운 일이다. 임금이 하고자 하는 바를 신하가 저지하거나, 신하가 하고자 하는 바를 임금이 듣지 않기 때문이다.

---

* 황종율관은 음악의 기본음을 정하는 것뿐이 아니라 사회생활의 기본이 되는 도량형의 기준이 되었기 때문에 박연의 황종율관 완성은 매우 중요한 일이었다. 역사적으로 왕조가 바뀌거나 기타 중요한 계기가 있을 때면 정확한 황종율관의 제작에 관심을 쏟는 것이 상례였다.

또 위와 아래에서 모두 하고자 하여도 시운時運이 불리한 때도 있었다. 그런데 지금은 나의 뜻이 정해졌고 나라에 다른 큰일이 없으니 때가 되었다. 마땅히 마음을 다하여 만들도록 하라."

이때 조회에 쓰는 편경은 남양에서 만들었고, 제사 때 쓰는 종은 한강에서 만들었다. 박연에게 이 일을 감독하게 하고 대호군 남급을 그 아래 두어 일을 맡아 보게 하였다. 이때부터 헌가軒架: 궁중의 의식음악과 제례음악 연주시의 악기 배치 아악雅樂 및 무동舞童의 기예를 쓰고, 여악女樂은 쓰지 않았다. 이웃나라 사신을 맞이하는 연회에도 여악을 쓰지 않았다고 이른다.

_ 세종 15년(1433, 계축) 1월 1일

3-3. 조선의 시간을 찾다

일식이 있었다. 임금이 흰색 관복을 입고 인정전 월대에 나아가 구식救蝕: 해가 먹히는 것을 구하는 의식을 행하였다. 가까이서 모시는 신하와 시위대가 의식대로 행하였다. 모든 신하들 또한 흰색 관복을 입고 조방朝房: 대궐문 밖의 공간으로 조신들이 조회를 기다리는 곳에 모여서 구식을 행하니 해가 다시 나왔다. 임금이 섬돌로 내려와서 해를 향하여 네 번 절하였다.

서운관書雲觀: 천변지이(天變地異)를 관측·기록하고, 절기와 날씨를 측정하며 시간을 관장하던 관청 관리 이천봉李天奉이 일식을 1각刻: 15분 정도 빨리 예측하였기에 곤장을 쳤다.

_ 세종 4년(1422, 임인) 1월 1일

상참을 받고 윤대輪對: 문무 관원들이 돌아가면서 궁궐에 들어가 왕의 질문에 대답하거나 정사의 잘잘못을 아뢰던 일를 행하고 경연에 나아갔다. 임금이 말하였다.

"예로부터 역법曆法: 날짜 등을 계산하는 법을 중요하게 여기지 않는 왕은 없었다. 우리나라는 그동안 관측을 정밀하게 하지 못했으나 역법을 교정한 이후*로 일식·월식·절기節氣가 중국에서 반포한 달력과 비교할 때 털끝만큼도 틀리지 않아 매우 기뻤다. 이제와서 역법 교정하기를 그만둔다면 20년 동안 강구한 공력이 중도에서 폐해질 것이다. 그러니 이제 책으로 엮어 오늘날 조선이 전에 없던 업적을 이룩하였음을 후세에 알리고자 한다. 역법을 담당하는 자들 가운데 계산에 정밀한 자는 품계에 관계없이 관직을 올려 더욱 힘쓰게 하라."

_ 세종 14년(1432, 임자) 10월 30일

대제학 정초, 지중추원사 이천, 제학 정인지, 응교 김빈 등이 혼천의渾天儀: 천문관측기구를 올렸다. 임금이 그것을 보고 세자에게 명하여 이천 등과 함께 혼천의에 대해 토론하고 그 결과를 아뢰

---

* 조선은 명나라의 역법인 대통력을 사용하였다. 조선 초기에는 오성(五星)운동에 대해 잘 몰라서 일월식 예측 계산은 선명력에 의지하였다. 그러나 선명력이 오래되어 오차가 생기고 일월식 예보가 자주 틀렸다. 이에 세종은 여러 역법에 관한 책을 조사하고, 천문관측기기를 만들어 우리나라의 지정학적 위치에 맞도록 수시력을 개선시켜 『칠정산』(七政算)을 펴냈다.

라고 하였다. 세자가 간의대簡儀臺: 천문을 관측하던 곳에 올라 정초·이천·정인지·김빈과 함께 간의와 혼천의에 대해 토론하였다. 그리고 김빈과 환관 최습에게 명하여 밤에 간의대에서 숙직하면서 해와 달과 별들을 관측하여 혼천의가 정확한지 검토하게 하였다. 밤에 숙직해야 하므로 임금이 김빈에게 옷을 하사하였다. 이날부터 임금과 세자가 매일 간의대에 올라 정초 등과 함께 혼천의 제작을 확정하였다.

_ 세종 15년(1433, 계축) 8월 11일

역산법曆算法: 역법에 관한 계산을 아는 사람으로 집현전에 입직入直: 숙직하는 김빈金鑌 등 31인에게 명하여, 흥천사興天寺에 모여서 『강목통감』綱目通鑑에 실린 일식을 계산하게 하였다.

_ 세종 16년(1434년 갑인) 8월 11일

임금이 변경의 군사지역에 시간을 알려 주는 기구가 없어서는 안 된다고 하였다. 함길도 도절제사 군영에 해시계 겸 별시계인 일성정시의日星定時儀·휴대용 해시계인 현주일구懸珠日晷·휴대용 물시계인 행루行漏·24후와 28수의 변화를 기록한 천문서적 『누주통의』漏籌通儀를 하나씩, 경원慶源·회령會寧·종성鍾城·공성孔城에는 현주일구·행루·『누주통의』를 하나씩 하사하였다. 평안도 도

절제사 군영에는 일성정시의·현주일구·행루·『누주통의』를, 강
계·자성·여연에는 현주일구·행루·『누주통의』를 하사하였다. 또
한 서운관 관원을 각 지역으로 보내 시간 보는 법을 가르치게
하였다.

_ 세종 19년(1437, 정사) 6월 18일

『제가역상집』諸家曆象集* 네 권이 모두 완성되었다. 동부승지 이순
지李純之가 발문을 썼다.

　제왕의 정치는 역법과 천문으로 시간을 맞추는 것보다 더
중요한 것이 없다. 하지만 우리나라 일관日官들은 오랫동안
그 연구를 소홀히 했다. 계축년세종 15년, 1433년 가을부터 우리
전하께서 큰 뜻을 내시어 각종 천문기구[儀象]와 시간을 알
수 있는 해시계와 물시계[晷漏], 천문天文, 역법曆法에 대해 지
극히 치밀하게 연구하셨다.
　천문기구로는 크고 작은 간의[大小簡儀], 일성정시의日星定時儀,

---

* 이순지가 세종의 명을 받아 편찬한 천문책. 제1권에는 천문(天文), 제2권에는 역법(曆
法), 제3권에는 의상(儀象), 그리고 제4권에는 구루(晷漏)에 대해서 서술하고 있는데, 각
항목마다 중국의 문헌을 적절히 인용하고 있다고 한다.

혼의渾儀, 혼상渾象** 등이 있다. 시간을 알려 주는 기구로는 천평일구天平日晷·현주일구懸珠日晷·정남일구定南日晷·앙부일구仰釜日晷·크고 작은 규표[大小圭表]·흠경각루欽敬閣漏·보루각루報漏閣漏·행루行漏 등***이 있다.

천문은 서울과 지방의 관아에 명하여 북두칠성[七政]을 기준으로 별들의 위치가 몇 도度 몇 분分인지 측정했다. 이것을 고금의 천문도와 비교해서 정확한 것을 취했다. 별자리 28수의 도수度數·분수分數와 12차수宿의 도수를 『수시력』授時曆:

** '일성정시의'는 낮에는 해를 관측하고, 밤에는 별을 관측하는 복합시계이고, '혼의'는 천체의 운행과 위치를 측정하던 천문관측기이다. '혼상'은 하늘의 별들을 보이는 위치 그대로 둥근 구면에 표시한 천문기기로, 별이 뜨고 지는 것과 계절의 변화 및 시간의 흐름을 측정할 수 있다.

*** 천평일구 : 휴대용 해시계로 말을 타고 가면서 시각을 확인할 수 있게 만들었다.

현주일구 : 사각형의 휴대용 해시계로 여러 개를 만들어 양계에 나누어 주고 남는 것은 서운관에 보관했다고 한다.

정남일구 : 지남침(나침반)을 사용하지 않고 남쪽을 맞히는 해시계.

앙부일구 : 세종 때 가장 널리 보급되었던 해시계로 백성들이 시간을 쉽게 읽을 수 있도록 12간지 한자 대신, 12개의 동물 그림으로 시각을 표시했다. 한양의 중심도로가 있는 곳으로 유동인구가 가장 많았던 서울 혜정교와 종묘 남쪽 거리에 설치됐다고 한다.

크고 작은 규표 : 방위, 절기, 시각을 측정하던 천문관측기다.

흠경각루 : 자동종합물시계. 자격루를 성공적으로 만든 이후, 장영실은 시각을 알려 주는 물시계 장치와 천체의 변화를 보여 주는 천문시계 장치를 결합하여 흠경각루를 만들었다. 물이 떨어지는 힘으로 인형이 북, 종, 징을 쳐서 시각과 경을 알린다.

보루각루 : 자동물시계로, 자동 시보장치가 있다. 시(時), 경(更), 점(點)에 맞추어 종과 북, 징을 쳐서 시각을 알린다.

행루 : 들고 다닐 수 있게 만들었던 물시계.

원나라에서 명나라까지 사용한 역법을 참고해서 수정하고 석본石本
으로 간행하였다.

역법은 『대명력』大明曆: 금나라의 역서·『수시력』·『회회력』回回曆:
아라비아 역법과 『통궤』通軌: 명나라의 역서 등 여러 책을 비교·정
리하여 『칠정산』七政算*의 내편과 외편을 편찬하였다. 그래도
미진한 점은 신에게 명하여 천문·역법·천체관측기구·시간
측정기구에 관해 여러 기록에 있던 것을 찾아내게 하셨다.
중복된 것은 버리고 중요한 것은 취하여 한 권의 책으로 만
들어 열람하기 편하게 하였다. 이 책으로 그 이치를 연구한
다면 생각보다 얻는 것이 많을 것이다. 이에 하늘을 공경하
고 백성을 위하는 주상 전하의 정치가 미치지 않은 곳이 없
음을 알 수 있다.

_ 세종 27년(1445, 을축) 3월 30일

* 세종 14년 왕명으로 편찬을 시작해 세종 26년에 완성한 역서. 내편은 원나라의 『수시
력』과 명나라의 『태음통궤』(太陰通軌) 및 『태양통궤』를 참고로 하여 서울을 기준으로
만들었다. 외편은 태음력법인 『회회력』을 참고하여 만든 것으로, 여러 가지 천문계산
에 필요한 상수들과 수표, 계산방법을 제시하고, 일식과 월식의 예보, 행성의 운동에 관
해 쓰여 있다. 1년의 길이를 365.2425일로 계산한 등 과학적 관측에 의한 편찬되었다.

3-4. 우리 글자를 만들다

어리석은 백성들이 죄를 짓지 않게 하라

상참常參을 받고 정사를 보았다. 임금이 신하들에게 말하였다.

"사리판단을 잘하는 사람이라도 법에 의거해야 그 죄의 경중을 알 수 있는 법이다. 하물며 어리석은 백성들이 어찌 자기 죄의 크고 작음을 알아서 스스로 고치겠느냐? 백성들에게 법을 다 알게 할 수는 없을지라도 큰 죄에 해당하는 법 조항만이라도 뽑아서 이두吏文: 한자의 음과 뜻을 빌려 우리말을 적는 표기법로 번역하여 민간에 반포하면 어떻겠는가? 어리석은 백성들이 글을 몰라 죄를 범하는 것을 피할 수 있지 않겠는가?"

이조판서 허조가 아뢰었다.

"신은 그에 따른 폐단이 두렵습니다. 만일 간악한 백성이 율문을 알게 되면, 형벌을 피하는 요령만을 터득하여 거리낌이 없을 것입니다. 그렇게 되면 법을 농단하는 무리들이 생겨날지도 모릅니다."

임금이 말하였다.

"그렇다면 백성들을 무지한 상태로 두어서 죄를 짓게 하는 것이 옳겠는가? 백성들에게 법을 알지 못하게 하고 그것에 의거해 죄를 준다면 조삼모사朝三暮四의 술책에 가깝지 않은가? 더욱이 태종께서 이두로 법조문을 번역하게 하신 것은 모든 사람들이 법을 알 수 있도록 하신 것이다. 경들은 고사를 상고해서 올리도록 하라."

허조가 물러간 후에 임금이 말하였다.

"허조는 백성들이 법 조문을 알게 되면 송사가 그치지 않을 것이고, 윗사람을 능멸하는 폐단이 점점 커질 것이라고 한다. 그러나 나는 백성들에게 법을 알게 해서 죄를 짓지 않도록 만드는 것이 더 옳다고 생각한다."

집현전에 명하여 옛날 백성에게 법률을 익히게 하던 일을 상고하여 아뢰게 하였다.

_ 세종 14년(1432, 임자) 11월 7일

훈민정음을 창제하다

이달에 임금이 친히 언문諺文 28자를 지었다. 글자는 옛 전서체 [篆字]를 모방했으며, 초성·중성·종성으로 나누고, 초·중·종성이 합해져서 한 글자를 이룬다. 한자부터 우리말에 이르기까지 모두 쓸 수 있으며, 글자는 비록 간략하지만 그 변용이 무궁하다. 이를 일러 훈민정음訓民正音이라고 하였다.

_ 세종 25년(1443, 계해) 12월 30일

유학자들의 반대에 부딪히다

집현전 부제학副提學 최만리崔萬理 등이 상소하였다.

신들이 보건대, 성상께서 제작하신 언문이 지극히 신묘하여 지혜를 발휘하심이 고금을 통틀어 뛰어나십니다. 그러나 신 등의 좁은 소견으로 의심되는 바가 있어 감히 간곡한 마음으로 상소문을 올리니 살펴주시기 바랍니다.

우리 조선은 태조 이래 지성으로 대국을 섬겨서 한결같이 중화中華의 제도를 따랐습니다. 중국과 같은 문자를 쓰고 같은 법을 운용하고 있는 이때에 언문을 제작하셨으니 당황스

러울 뿐입니다. 만일 이 소식이 중국에 흘러 들어가서 혹시라도 비난하는 자가 있게 되면 대국을 섬기고 중화를 사모하는 뜻에 부끄러운 일이 되지 않겠습니까?

옛부터 구주九州 천하의 풍토는 비록 다르지만 각 나라의 말에 따라 문자를 따로 만든 적은 없었습니다. 오직 몽고蒙古·서하西夏·여진女眞·일본日本·서번西蕃:티베트 같은 나라만이 각자 자기 나라 문자를 사용했습니다. 그러나 이는 모두 오랑캐의 일이므로 말할 것이 못 됩니다. 옛글에 '중화[華夏]의 문명으로 오랑캐를 변화시킨다'고 하였지, 오랑캐가 중화를 변화시킨다는 말은 듣지 못하였습니다. 옛부터 중국에서는 우리나라가 기자箕子:은나라 폭군 주왕을 피해 동방으로 와 조선의 왕이 되었다고 전해짐의 유풍을 따르고, 우리의 문물과 예악은 중화를 따른다고 여겼습니다. 그런데 이제 따로 언문을 만드는 것은 중국을 버리고 스스로 오랑캐가 되려는 것입니다. 이른바 소합향蘇合香:환약을 버리고 당랑환蟷螂丸:말똥구리 똥을 취하는 격이니, 문명을 크게 훼손하는 일이 아니겠습니까?

신라 설총薛聰의 이두는 비루하지만, 모두 중국에서 쓰는 글자를 빌려 사용하였기에 중국 문자와 서로 분리된 것이 아닙니다. 비록 서리胥吏:하급관리나 시종의 무리라도 이두를 익히려면 먼저 책 몇 권을 읽어서 조금이라도 한자를 안 뒤에야 쓸 수 있으니, 이두로 인하여 한자를 알게 되는 자가 많습니다. 이두는 학문을 진흥시키는 일에 일조하였습니다. 그런데 언문을 쓰기 시작한다면 관리들이 오로지 쉬운 언문만을 익히고 어려운 한자를 배우지 않게 될 것이니 한자를 아는 자와 모르는 자로 나뉠 것입니다. 서리들이 언문을 배워 통달한다면 후세 사람들이 이것을 보고 27자*의 언문만 익혀도 충분히 출세할 수 있다고 할 것입니다. 그렇다면 무엇 때문에 힘들여 성리학을 공부하겠습니까?

옛 유학자들이 이르기를 "어떤 것에 빠져서 즐기면 의지와 기백을 빼앗긴다. 심지어 글씨 쓰는 일조차도 선비들이 일삼아야 하는 것이지만, 그것에 빠져 탐닉하면 의지와 기백을 잃는다"고 하였습니다. 지금 세자가 덕성을 갖추었다 하더라도 아직은 성인의 학문에 마음을 두어 미진한 것을 궁구해야 합니다. 언문이 유익하다 할지라도 문사들의 육예六藝: 예(禮)·악(樂)·사(射)·어(御)·서(書)·수(數) 중 한 가지일 뿐입니다. 하물며 정치에 도움이 되지 않고 정신을 소모하고 시간만 낭비한다면 세자의 학업을 크게 해칠 것입니다. 신 등이 보잘것없는 재주로나마 전하를 가까이에서 모시고 있기에

---

* 『세종실록』에 실린 최만리의 상소에는 훈민정음이 28자가 아니라 27자로 되어 있다.

품은 생각을 숨길 수 없어 감히 성상께 아룁니다.

임금이 상소를 보고 말하였다.

"너희들이 올린 상소에, '우리 소리를 써서 글자를 만든 것이 모두 옛법에 위배된다'고 하였다. 설총의 이두 또한 음이 다르지 않은가? 설총이 이두를 제작한 본뜻은 백성을 위함이 아니겠는가? 만일 이두가 백성을 위한 것이라면 지금의 언문 또한 그런 것이 아니겠는가? 너희들은 설총은 옳다 하면서 내가 하는 일은 그르다 하니 그 이유가 무엇인가? 또 그대들이 운서韻書: 한자들을 분류하여 엮은 일종의 발음사전를 아는가? 사성칠음四聲七音에 자음·모음이 몇 개 있는가? 만일 내가 그 운서를 바로잡지 않으면 그 누가 이를 바로잡을 수 있겠는가?

또 그대들이 상소문에서 '언문은 하나의 새로운 기예일 뿐입니다'라고 하였다. 내가 늘그막에 하루하루 지내기가 힘들어 다만 책을 벗 삼을 뿐이다. 그것이 어찌 내가 옛것을 싫어하고 새것을 좋아해서이겠는가? 내가 매사냥을 하는 것도 아닌데 너희들의 말이 너무 지나치다. 그리고 내가 이제 늙어서 나라의 모든 공무를 세자에게 맡겼다. 비록 작은 일이라도 세자가 참여하는 것이 마땅하거늘, 하물며 우리 글자를 만드는 일은 어떻겠는가? 만약 세자로 하여금 항상 동궁에서 공부만 하게 한다면, 나라의 일은 환관들이 하라는 것인가? 너희들은 가까이 모시는 신하들이라 나의 뜻을 잘 알 텐데도 이렇게 말하는 것은 옳지 않다."

최만리 등이 아뢰었다.

"설총의 이두는 비록 음이 다르다고 하지만, 음을 따르기도 하고 뜻을 따르기도 하므로 발음과 글자가 서로 분리되지 않습니다. 언문은 여러 글자를 합하여 함께 쓰니 그 음과 뜻이 변하여 글자라고 할 수 없습니다. 또 하나의 새로운 기예라 말한 것은 글을 쓰다 보니 이렇게 쓴 것이지 다른 의도가 있어서 그런 것은 아닙니다. 공무라면 세자가 작은 일이라도 참여하는 것이 맞지만, 급한 일도 아닌데 무엇 때문에 시간을 낭비하며 마음을 쓰게 하십니까?"

임금이 말하였다.

"전에 김문이 말했다. '언문을 제작해서는 안 될 이유가 없습니다.' 그런데 지금은 말을 바꿔 옳지 않다고 한다. 그리고 정창손도 말을 바꿔서 『삼강행실』을 반포한 후에도 충신·효자·열녀의 무리가 나오지 않았습니다. 사람이 행하고 행하지 않는 것은 사람의 자질에 달려 있습니다. 언문으로 번역한 『삼강행실』을 본다고 해서 백성들이 충신·효자·열녀가 되겠습니까?'라고 한다. 이따위 말이 어찌 선비의 도리를 아는 자의 말이겠는가? 너희들은 아무짝에도 쓸모없는 비열한 자들이다."

앞서 임금이 정창손에게 하교했다.

"내가 만일 언문으로 『삼강행실』을 번역하여 민간에 반포하면 무지한 남녀가 모두 쉽게 깨달아서 충신·효자·열녀의 무리가 반드시 나올 것이다."

정창손이 먼저 그런 뜻을 밝혔기 때문에 임금이 이러한 하교를 내리신 것이었다.

임금이 또 말하였다.

"내가 애초에 죄를 물으려고 너희들을 부른 것이 아니다. 다만 너희들이 올린 상소에 있는 한두 가지 말을 물어 보려고 한 것이다. 그런데 너희들이 사리에 맞지 않게 말을 바꾸어 대답하니 그 죄를 다스리지 않을 수 없다."

이에 부제학 최만리, 직제학 신석조, 직전 김문, 응교 정창손, 부교리 하위지, 부수찬 송처검, 저작랑 조근을 의금부에 하옥시켰다. 이튿날 모두 석방했는데 정창손만은 파직시켰다. 그리고 의금부에 명하였다.

"김문이 말을 바꾼 이유를 국문하여 아뢰라."

_ 세종 26년(1444, 갑자) 2월 20일

3-5. 훈민정음 창제

이 달에 『훈민정음』訓民正音이 완성되었다. 임금이 친히 글을 내렸다.

우리나라 말이 중국과 달라 한자와 서로 통하지 않는다. 때문에 어리석은 백성들이 말하고 싶은 것이 있어도 제 뜻을 잘 표현하지 못하는 경우가 많았다. 내 이를 불쌍히 여겨 새로 28자를 만들었다. 사람들이 쉽게 익혀 표현하는 데 편하게 할 따름이다.

ㄱ은 아음牙音이니 군君 자의 초성과 같은데 가로 나란히 붙여 쓰면 규虯 자의 초성과 같고, ㅋ은 아음이니 쾌快 자의 초성과 같고, ㅇ은 아음이니 업業 자의 초성과 같다. ㄷ은 설음舌音이니 두斗 자의 초성과 같은데 가로 나란히 붙여 쓰면 담覃 자의 초성과 같고, ㅌ은 설음이니 탄呑 자의 초성과 같고,

ㄴ은 설음이니 나那 자의 초성과 같고, ㅂ은 순음脣音이니 별彆 자의 초성과 같은데 가로 나란히 붙여 쓰면 보步 자의 초성과 같고, ㅍ은 순음이니 표漂 자의 초성과 같고, ㅁ은 순음이니 미彌 자의 초성과 같다. ㅈ은 치음齒音이니 즉卽 자의 초성과 같은데 가로 나란히 붙여 쓰면 자慈 자의 초성과 같고, ㅊ은 치음이니 침侵 자의 초성과 같고, ㅅ은 치음齒音이니 술戌 자의 초성과 같은데 가로 나란히 붙여 쓰면 사邪 자의 초성과 같고, ㆆ여린히읗은 후음喉音이니 읍挹 자의 초성과 같고, ㅎ은 후음이니 허虛 자의 초성과 같은데 가로 나란히 붙여 쓰면 홍洪 자의 초성과 같고, ㅇ은 후음이니 욕欲 자의 초성과 같고, ㄹ은 반설음半舌音이니 려閭 자의 초성과 같고, ㅿ는 반치음半齒音이니 양穰 자의 초성과 같다.

· 아래아는 탄呑 자의 중성中聲과 같고, ㅡ는 즉卽 자의 중성과 같고, ㅣ는 침侵 자의 중성과 같고, ㅗ는 홍洪 자의 중성과 같고, ㅏ는 담覃 자의 중성과 같고, ㅜ는 군君 자의 중성과 같고, ㅓ는 업業 자의 중성과 같고, ㅛ는 욕欲 자의 중성과 같고, ㅑ는 양穰 자의 중성과 같고, ㅠ는 술戌 자의 중성과 같고, ㅕ는 별彆 자의 중성과 같다.

종성終聲은 다시 초성으로 사용하며, ㅇ을 순음脣音 밑에 연달아 쓰면 순경음脣輕音이 되고, 초성을 합해 사용하려면 가

로 나란히 붙여 쓰고, 종성도 그와 같다. · ᅳ ᅩ ᅮ ᅭ
ᅲ는 초성의 밑에 붙여 쓰고, ㅣ ㅓ ㅏ ㅑ ㅕ는 오른쪽에 붙여 쓴다. 무릇 글자는 반드시 합하여 음을 이루게 되니, 왼쪽에 1점을 가하면 거성去聲이 되고, 2점을 가하면 상성上聲이 되고, 점이 없으면 평성平聲이 되고, 입성入聲은 점을 가하는 것은 같은데 촉급促急하게 된다.

예조판서 정인지鄭麟趾가 서문을 썼다.

천지자연의 소리가 있으면 반드시 천지자연의 글이 있게 된다. 이는 옛날 사람이 소리로 글자를 만들어 만물의 정情을 통하게 하고, 천·지·인 삼재三才의 도리를 드러내어 후세에서 변경할 수 없게 한 까닭이다. 그러나 사방의 풍토가 서로 다르니, 소리나 기운도 그에 따라 다르다. 대부분의 외국에서는 소리는 있어도 문자가 없어 중국의 문자를 빌려 썼다. 하지만 이것은 마치 둥근 도끼 구멍에 네모난 도끼 자루를 끼워 넣어 서로 어긋난 것과 같으니 어찌 통할 수 있겠는가. 요컨대 모두 각기 그 풍토에 따라 편하게 해야 하고, 억지로 같게 할 수는 없다.

우리나라의 예악문물이 중국에 견줄 만하나 소리와 표현이 같지 않아, 글을 배우는 사람은 그 뜻을 이해하기 어려워 근심하고, 옥사를 다스리는 사람은 그 곡절을 전달하기가 어려워 괴로워하였다. 신라 때 설총이 처음으로 이두를 만들어 관부와 민간에서 지금까지 쓰고 있다. 그러나 이것은 모두 한자의 음과 뜻을 빌려서 표현하는 것이기 때문에 매끄럽지 않고 이해하기 어렵다. 이두는 지엽적이고 이치에 맞지 않을 뿐 아니라 우리말을 적는 데 만분의 일도 표현할 수가 없었다.

계해년세종 25년, 1443년 겨울 우리 전하께서 28자를 처음으로 만들어 간략하게 용례를 보이시고 '훈민정음'이라 이름하셨다. 글자의 모양을 만들 때는 옛 전서체를 모방하고, 소리를 만들 때는 칠조七調: 조선의 7음에 따르니, 천·지·인의 이치와 음양의 정묘함이 구비되지 않은 것이 없다.

28자로써 표현하지 못할 말이 없어 간략하면서도 다 아우르고 정밀하면서도 널리 통한다. 그런 까닭으로 지혜로운 사람은 아침밥을 먹기도 전에 이해하고, 어리석은 사람도 열흘이면 배울 수 있다. 이로써 글을 보면 그 뜻을 알 수 있고, 송사訟事를 들으면 그 실정을 알 수 있다. 이 글자를 쓰면 한자음의[字韻] 청탁淸濁을 분별할 수가 있고, 노래의 가락에 화합할 수 있으니, 쓰지 못할 곳이 없고, 가는 곳마다 통하지 않는 곳이 없다. 바람소리, 학의 울음소리, 닭 울음소리, 개 짖는 소리까지도 모두 표현할 수 있게 되었다.

성상께서 여러 사람들이 이해할 수 있도록 상세히 해설하라고 명하셨다. 이에 신이 집현전 응교 최항, 부교리 박팽년, 신숙주, 성삼문, 강희안, 이개, 이선로 등과 함께 모든 해례를 지어 그 대체를 서술한다. 이를 본 사람은 스승이 없어도 스스로 깨닫게 될 것이다. 제작의 근원과 정밀한 이치의 오묘함은 신들이 이루 다 드러낼 수 없는 바이다. 삼가 생각하건대, 우리 전하께서는 하늘에서 낳은 성인으로 제도를 갖추시고 정치를 베푸시는 것이 여러 왕들 중에서도 가장 뛰어나시다. 훈민정음의 제작은 전대의 것을 본받은 바 없이 하늘의 뜻에 따라 이루어졌다. 지극한 이치가 갖추어지지 않은 것이 없으니, 어찌 한 개인의 사사로운 뜻으로만 이루어진 것이겠는가. 동방에 나라가 있은 지 오래되었으나, 천하의 이치를 깨달아 새 문화를 성취하는 큰 지혜는 오늘을 기다렸던 것이리라.

_ 세종 28년(1446, 병인) 9월 29일

3-6. 이 땅에 맞는 농법

농사에 대한 관심

정사를 보았다. 임금이 농사를 권장하는 방법을 의논케 하니, 예조판서 신상이 아뢰었다.

"안동은 땅은 좁은데 사람이 많아서 노는 땅이 없습니다. 또한 사람들이 쓰는 것을 절약하여 흉년을 당해도 굶주리지 않습니다. 그 농사가 조밀한 것이 다른 고을에 비할 수가 없습니다."

여산군礪山君 송거신宋居信이 아뢰었다.

"전라도에는 묵은 황무지가 많았는데, 강원도에서 백성들이 옮겨 온 뒤부터는 인구가 늘어 산림과 늪을 죄다 개간하여 경작하였습니다."

임금이 말하였다.

"가물 때에 싹이 나는 것과 비가 온 뒤에 나는 것 중 어느 것이 더 좋은가?"

지신사 정흠지가 대답하였다.

"가물 때 싹이 나는 것이 좋습니다. 가물 때 싹과 잡초가 함께 나면 비가 온 후에 싹은 자라고 잡초는 썩기 때문입니다."

임금이 평안도와 함길도 백성들이 농사에 서툰 것을 염려하여 승정원에 명하였다. 두 도의 사람을 만나면 반드시 농사의 작황을 묻게 하고, 또 그들에게 『농서』農書를 읽도록 하였다.

_ 세종 10년(1428, 무신) 윤4월 11일

농부들에게 직접 물어 만든 『농사직설』

임금이 충청·전라도 감사에게 전하여 말하였다.

"평안도와 함길도는 농사에 몹시 서툴러 토질에 비해 생산이 부족하다. 시행할 만한 농사법을 채택하여 그들에게 전수하여 익히게 하고자 한다. 토양의 성질에 적합한 오곡, 밭 갈고 씨 뿌리고 김매는 법, 잡곡을 번갈아 심는 방법을 각 고을의 나이든 농부들에게 물어 보아라. 그리고 그 요점을 모아 책으로 만들어 올리도록 하라."

_ 세종 10년(1428, 무신) 7월 13일

임금이 총제總制 정초 등에게 명하여 『농사직설』農事直說을 편찬
하게 하였다. 그 서문은 이러하였다.

농사는 천하의 근본이다. 예로부터 이를 힘쓰지 않은 임금
이 없었다. 순舜 임금이 아홉 명의 신하와 열두 지방관에게
가장 먼저 말하였다. '농사는 때에 맞추는 것이 중요하다.'
진실로 제사를 올리는 것과 만물을 기르는 것이 이것을 떠
나서는 이루어지지 않기 때문이다. 태종께서도 일찍이 신하
들에게 명하시어 옛날 농서에서 중요한 바를 취하여 그 뜻
을 우리말로 풀어 간행하셨다. 백성을 가르쳐 농사에 힘쓰
게 하신 것이다. 주상 전하께서는 이러한 밝은 법을 계승하
시어 농사에 더욱 마음을 쓰셨다. 각 도의 풍토가 서로 다르
니 곡식을 심고 기르는 법이 각각 따로 있다. 또 옛책에 쓰
여진 것과 모두 같을 수는 없으니, 각 지역의 감사에게 명하
여 지방의 나이든 농부들을 찾아가 직접 묻고 조사하게 하
였다.
정초에게 명하여 책의 순서를 잡게 하고, 변효문과 함께 그
조사한 것을 참고하여 중복된 것은 버리고 중요한 점을 뽑
아 편찬하게 하였으니, 이름하여 『농사직설』이라 하였다. 농
사 외에 다른 내용은 섞지 않고 간략하고 정확하게 만들어

시골의 백성들도 쉽게 깨우쳐 알게 하였다.

이제 이 책을 주자소에서 인쇄하여 널리 반포하니, 이 책으로 집집마다 넉넉하고 사람마다 풍족하게 할 것이다. 주나라의 시에 '우리나라는 농사로 나라를 다스려 그 역사가 8백여 년에 이르렀구나'라는 구절이 있다. 지금 우리 전하께서도 이 나라 백성을 잘 기르고 나라를 위하여 이토록 염려하시니, 후직后稷: 주나라의 전설적 시조. 오곡을 관장하는 농경신과 주나라 성왕成王: 주나라 제2대 왕. 주나라의 성시를 실현했다고 한다에 비할 수 있을 것이다. 이 책이 비록 간소하나 그 이익은 이루 말할 수 없다.

_ 세종 11년(1429, 기유) 5월 16일

3-7. 17년 걸려 완성한 공법

모든 백성에게 물어라

호조에서 아뢰었다.

"농사를 답험踏驗: 해마다 농사 작황을 직접 조사하는 것할 때, 조사관을 따로 보내기도 하고 그 지역의 감사에게 위임하기도 합니다. 모든 논과 밭을 기한 내에 조사해야 하므로, 시골마을에 거주하는 관리를 임시로 위관委官으로 삼기도 합니다. 하지만 위관과 서원書員: 각 고을 세금 담당 아전들이 제대로 조사하지 않거나 사사로운 정에 끌려 생산량을 늘리기도 하고 줄이기도 하며 덜기도 하고 채우기도 합니다. 마감할 때는 문서가 셀 수 없이 많은데 관리들이 다 살필 수 없는 틈을 타서 교활한 아전들이 바꿔치기 하기도 합니다. 그 등급이 적절하지 못할 뿐만 아니라, 관리들을 출장 보내는 데 필요한 비용과 분주히 내왕하는 수고 등 폐단이 적지 않습니다.

청컨대 이제부터 공법貢法에 의거하여 전답田畓 1결結마다 조租 10말을 거두게 하되, 다만 평안도와 함길도만은 1결에 7말을 거두게 하소서. 하여 예전부터 내려오는 폐단을 줄이고, 백성들의 생계를 넉넉하게 하소서. 그리고 풍재風災·상재霜災·수재水災·한재旱災로 인하여 농사를 완전히 그르친 백성에게는 조세를 전부 면제해 주소서."

임금이 명하였다.

"의정부·육조, 각 관사, 서울 안의 전직 관원, 각 도의 감사·수령 및 관원으로부터 민간의 비천한 백성에 이르기까지 모두에게 공법 시행의 가부可否를 물어라."

_ 세종 12년(1430, 경술) 3월 5일

호조에서 백성들에게 공법 시행에 대해 조사한 결과를 임금에게 아뢰었다.

"경기도의 수령 29명과 관원, 마을의 백성 1만 7천 76명은 가可하다 하였고, 수령 5명과 관원, 마을의 백성 236명은 불가하다 하였습니다. 도관찰사 최사의崔士儀·도사都事 양수楊修·수원 부사 윤처성尹處誠·원평 부사 오영로吳寧老·해풍 군사 황득수黃得粹·이천 현사 김흰金咺·고양 현령 유흥부柳興阜·가평 현감 김위金偉 등이 이런 의견을 올렸습니다. '전답이 비옥하고 척박한 것이 일정하지 않아서, 좋은 토지를 부치고 있는 자는 10두의 조세가 너무 가볍고, 나쁜 땅을 부치고 있는 자는 그 수량을 충당하지 못하고 있습니다. 또 각 중앙 관사의 위전位田: 관청의 경비나 관청에 소속된 사람의 생활을 보장하기 위해 지급한 토지과 지방 관사의 늠록전廩祿田: 지방 관원들의 생활을 보장하기 위해 지급한 토지 등은 1년의 경비를 제한 후에 조세를 거두면 풍년일 때 조세를 거두어도 오히려 부족한 실정입니다. 이 땅에 공법을 시행하면 반드시 2푼이 늘어 경비로 쓸 수 있는 것이 줄어들게 됩니다. 그러니 종전대로 하는 것이 더 좋을 것입니다. 만일 그래도 공법을 시행하려 하신다면 토지가 비옥하고 척박한 정도를 변별하여 3등급으로 나누소서.'

평안도의 수령 6명과 관원, 백성 1천 326명은 가하다 하고, 관찰사 조종생趙終生과 수령 35명, 그리고 관원·백성 2만 8천 474명은 불가하다 하였습니다.

황해도의 수령 17명과 관원, 백성 4천 454명은 가하다 하고, 수령 17명과 관원, 백성 1만 5천 601명은 불가하다 하였습니다.

충청도의 수령 35명과 관원, 백성 6천 982명은 가하다 하고, 관찰사 송인산宋仁山과 도사 이의흡李宜洽, 수령 26명과 관원·백성 1만 4천 13명은 불가하다 하였습니다.

강원도는 수령 5명과 관원·백성 939명은 가하다 하고, 수령

10명과 관원·백성 6천 888명은 불가하다 하였습니다. 관찰사 조치曹致·도사 윤무尹務·원주 판목사 전흥田興·판관 이수량李守良·춘천 부사 이안경李安敬·회양 부사 이원비李原備·간성 군수 이사임李思任·평해 군사 김포金布·평창 군사 김유보金兪甫 등은 이런 의견을 올렸습니다. '본 도는 토지의 비옥함과 척박함이 각기 다르고, 산 위에 화전火田이 많아 때로는 묵히기도 하고 개간하기도 하니 공법이 아니라 예전대로 손실에 따라서 조세를 거두는 것이 마땅합니다.'

함길도에서는 수령 3명과 관원·백성 75명은 가하다 하고, 관찰사 민심언과 수령 14명, 그리고 관원·백성 등 7천 387명은 불가하다 하였습니다.

경상도에서는 수령 55명과 관원·백성 3만 6천 262명은 가하다 하고, 수령 16명과 관원·백성 377명은 불가하다 하였습니다. 경주 부윤 조완趙琓·판관 김자이金自怡·안동 부사 정환鄭還·판관 윤미로尹彌老·영천 군사 서진徐晉·진성 현감 이자유李自濡 등은 '1결의 전지에서 조세 10두를 거둔다면 세금이 가벼운 편이니 백성들의 생계를 넉넉하게 해줄 수 있습니다. 그러나 매년 이렇게 조세를 거둔다면 국가 재정이 부족할 것이니 장래가 염려됩니다. 더욱이 비옥한 전지는 열에 한둘에 불과하고, 척박한 전지는 열에 여덟아홉이나 되니 좋은 전답을 경작하는 자에게는 크게 다행일 것이나 나쁜 전답을 경작하는 자에게는 불행일 것이니 실로 고르지 못한 바가 있습니다. 비록 풍년이라 할지라도 농사 철에 군대를 따라 전쟁터로 나가게 된다거나 혹은 온 가족이 급성 전염병에 걸려 겨우 씨만 뿌리고 가꾸지 못하기 때문에 실패하게 될 수도 있습니다. 그런데 그 손실은 답험하지 않고 토지마다 정해진 대로 조세를 거둘 경우, 모든 재산을 내놓아도 오히려 부족하여 빚을 내어 충당하게 될 것입니다. 이렇게 조세를 받는다면 백성들의 원망과 한탄이 클 것입니다. 공법에 따른 폐단은 옛날에 용자龍子: 중국 고대의 현인가 자세히 논한 바 있습니다. 한 가지 법을 세우면 한 가지 폐단이 생기는 것이 고금의 공통된 문제이니, 이전의 제도를 그대로 시행하여 한 해의 풍흉에 따르소서. 공평하고 청렴하며 정직한 무리를 택하여 그들에게 현지를 답험하게 하소서. 하여 실제로 생산된 곡식의 양에 따라 세금을 취하시어 백성의 편익을 도모하고 나라의 재정을 충족케 하소서'라고 했습니다."

_ 세종 12년(1430, 경술) 8월 10일

공법을 시험운영하다

임금이 말하였다.

"손실답험損實踏驗은 진실로 좋은 법이지만, 제대로 실행하기가 매우 어려워 여러 가지 폐단이 있었다. 그러므로 우선 충청·전라·경상도에 공법을 시험 운영하여 좋은 점과 나쁜 점을 확인하고자 한다. 하등전下等田의 납세자 중에 그 토질이 척박하여 근심하고 탄식하는 자가 있다고 들었다. 장차 하등전의 등급을 더 나누어서 다시 세액을 정하겠지만, 우선 금년에는 3도의 하등전은 매 1결마다 조세를 2두씩 줄여 백성들이 바라는 바에 부응하라."

_ 세종 25년(1443 계해) 7월 11일

드디어 공법을 시행하다

임금이 호조에 하교하였다.

"우리나라의 손실損實의 법은 고려 때부터 이미 행한 것이었다. 이것은 아름다운 법이나, 조세의 경중을 관리가 한 번 보고 정했으므로 적절함을 잃어 폐해가 많았다. 이처럼 하나하나 조사하여 손실을 정하는 것은 옛 경전에도 없다. 그러나 공법은 중국에서 하·은·주 삼대 때부터 지금까지 행하여 바꾸지 않았고, 우리나라에서도 이미 하삼도충청·경상·전라도에서 시험 운영하고 있다. 다만 자세한 절목을 갖추지 못했으니, 지금 자세히 정한다면 백성들이 편할 것이다.

하나. 지난날에 각 도를 3등급으로 나누고, 고을을 3등급으로 나누며, 밭을 3등급으로 나누었는데, 실은 정밀하지가 못하였다. 대개 수전水田: 논은 하삼도에 비옥한 토지가 많고 경기·황해도가 다음이고, 강원·함길·평안도가 그 다음이다. 한전旱田: 밭은 비옥하고 척박한 것이 8도가 거의 비슷하다. 밭의 소출은 논에 미치지 못하는 법이다. 논과 밭을 각각 5등급으로 나눌 것이다. 1등급의 밭은 논 2등급에 준하고, 5등급의 밭은 논 5등급의 아래에 있게 하라. 그리고 각 도별로 등급을 매기지 말고, 팔도의 전지를 합하여 땅의 토질을 보아서 등급을 나누도록 하라.

하나. 주례周禮에는 각 고을을 맡은 관리가 들에 순행하며 농사의 형편을 보아 해마다 상등·하등에 따라 거두는 법이 있었다. 공법 역시 그 해의 풍흉豐凶에 따라 그 세稅를 올리고 내리는 것임을 알 수 있다. 지금의 상·중·하 3등급을 각각 3등급으로 다시 나누어 9등급으로 만들어야 할 것이다. 단지 3등급으로만 나누면 상하의 차이가 너무 크다. 9등급으로 나눈다면 꼭 들어맞지는 않더라도 차이가 심하지 않을 것이다.

또한 매년 9월에 각 고을 수령이 농사의 결실 상황을 살펴 그 해의 등급을 감사에게 보고하고, 감사는 다시 검토하여 논과 밭을 따로 등급을 나누어 보고하라. 만일 고을마다 결실이 크게 차이가 나면 각 고을의 등급도 나누어 보고하라. 의정부와 육조에 내려 시행하게 하겠으니, 너희 호조는 서울과 지방에 널리 알리라."

_ 세종 25년(1443, 계해) 11월 2일

3-8. 조선인에게 맞는 의서

토종 약재로 병을 다스려야 한다

『향약집성방』鄕藥集成方이 완성되었다. 임금이 권채權採에게 명하여 서문을 짓게 하였다.

> 신농神農: 백성들에게 농사법, 의료, 교역 등을 가르쳤다는 중국 전설의 제왕
> 과 황제 이후 대대로 의관을 두어 만백성의 병을 돌보게 하
> 였다. 명의가 병을 진찰하고 약을 쓰는 것은 모두 그 기질에
> 따라서 처방을 하는 것이다. 처음부터 한 가지 처방에만 구
> 애되어서는 안 된다. 대개 백 리가 떨어져 있으면 습속이 다
> 르고, 천 리가 멀어지게 되면 풍토가 달라지는 법이다. 먹고
> 마시는 것 또한 풍토에 따라 다르다. 그러니 옛 성인은 온갖
> 풀의 맛을 보고 각 지방의 특징에 따라 병을 고쳤다.

다행히 우리나라는 동쪽의 한 구역을 차지하고 있어 백성들에게 필요한 모든 것을 갖추고 있다. 산과 바다에는 많은 보화가 저장되어 있고 초목과 약재가 많다. 하여 백성들이 생계를 이어 가고 병을 치료할 만한 것들이 이미 갖추어져 있다. 다만 옛날부터 의학이 발달하지 못하여 시기에 맞추어 약을 채취하지 못하고 있다. 가까이 있는 것을 소홀히 하고 먼 것만을 구하니, 병이 들면 구하기 어려운 중국의 약만을 찾는다. 이는 마치 7년 된 병에 3년 묵은 약쑥을 갑자기 구하는 것*과 같다. 이에 약을 구할 수 없어서 병을 치료하지 못할 지경에 이르게 되는 것이다. 민간에서는 예로부터 노인들이 한 가지 약초로 병을 치료하여 신통한 효험을 본다. 만일 풍토에 맞지 않는다면 어찌 그 약이 병에 딱 들어맞을 수 있겠는가? 굽은 손가락을 펼 수 있게 해준다면 천 리를 마다하지 않는 것이 사람의 마음이다. 하물며 굳이 나라 안을 벗어나지 않고도 병을 치료할 수 있다면 어떻겠는가. 사람들이 이를 알지 못해서 걱정하는 것이다.

예전에 판문하判門下 권중화權仲和가 여러 책에서 발췌하여

---

* 『맹자』에 있는 "7년 된 병을 3년 된 쑥으로 치료한다"(七年之病 求三年之艾)는 고사를 말함. 미리 준비하지 않고 있다가 갑자기 구하려면 이미 때가 늦어 제대로 대처할 수 없다는 뜻.

『향약간이방』鄕藥簡易方을 지었다. 그 뒤에 조준 등과 함께 약국 관원에게 명하여 다시 여러 책을 상고하고, 또 우리나라 사람들의 경험을 취하여 목판으로 간행하였다. 이 책으로 약을 구하거나 병을 치료하기가 쉬워져 사람들이 모두 편리하게 여겼다. 그럼에도 의서가 적고 우리나라의 약명이 중국과 다른 것이 많아서 의원들조차도 자료가 미비하다고 탄식하곤 했다. 하여 주상께서 매번 사신을 보낼 때마다 의원을 북경에 따라가게 해서 의서를 널리 구하게 하셨다. 또 황제께 요청하여 명나라 대의원大醫院에 가서 약명을 확인하게 하셨다. 그리하여 신해년세종 13년, 1431년 가을, 집현전 직제학 유효통兪孝通·전의典醫 노중례盧重禮·부정副正 박윤덕朴允德 등에게 명하여 여러 책에서 향약방을 빠짐없이 찾아내어 종류별로 나누어 서책을 완성하게 하셨다. 수록된 병의 증세가 338가지에서 959가지로 늘었고, 처방은 2,803가지에서 1만 706가지가 되었다. 또 침구법침·뜸을 뜨는 법은 1,476조이다. 여기에 향약鄕藥 본초本草 및 포제법炮製法: 전통적인 약 제조법을 덧붙여 총 85권을 만들어 올렸다. 이 책의 이름을 『향약집성방』이라 한다. 이를 간행하여 널리 전하기 위해 신에게 명하여 서문를 짓게 하였다.

신이 그윽히 생각하건대, 임금의 도는 인仁보다 더 큰 것이 없다. 인도仁道는 지극히 커서 베푸는 방법에 여러 가지가 있다. 지금 우리 주상께서 성대한 덕으로 지극히 훌륭한 정치를 펼치셨다. 정사를 돌보시는데 오로지 이 도의 대체를 따르고 계시다. 이제 의약으로 백성을 구제하는 일까지 이토록 힘쓰시니, 인정仁政의 근본과 말단, 크고 작은 것을 남김없이 다 하셨다. 예전에 한 임금이 어떤 사람에게는 직접 약을 조제해 주고, 어떤 사람에게는 수염을 잘라 약을 만들어 주었다. 임금의 은혜가 한 사람에게 미친 것도 후세에서 널리 칭찬하는데, 의서를 편찬한 것은 만백성에게 은혜를 베푼 것이니 그 은택이 어떠하겠는가. 지금부터 이 책을 보아 약을 먹고 앓는 사람이 일어나고 전염병에 차도가 있어서 천수를 누리게 된다면 이는 우리 전하의 어진 마음과 어진 정치에서 나온 것이 아니겠는가.

_ 세종 15년(1433, 계축) 6월 11일

동양 최대 의학사전 『의방유취』

임금이 집현관 김예몽金禮蒙 등에게 명하여 여러 의서를 수집해 분류하고 모아서 하나의 책으로 만들게 하였다. 이후에 집현전 직제학 김문과 신석조 등에게 명하여 의관 전순의全循義·최윤崔

閭·김유지金有智 등과 함께 다시 편집하게 하고, 안평대군·첨지중
추원사 노중례 등에게 감수하게 하였다. 3년에 걸쳐 완성하였으
니, 총 365권이었다. 임금이 『의방유취』醫方類聚라는 이름을 하사
하였다.

_ 세종 27년(1445, 을축) 10월 27일

제때 채취하여 약성을 지켜라

임금이 여러 도의 감사에게 전하여 말하였다.

　"시골의 무지한 자들이 약초 채취를 제때 하지 않고 있다. 또
한 말리는 것도 정해진 법대로 하지 않아 약의 성미가 본성을
잃어 효험이 없으니 매우 옳지 못하다. 지금부터는 반드시 때에
맞추어 채취하고, 말리는 것도 정해진 법대로 하라. 상납할 때는
아무 고을 아무개가 아무 달에 채취한 무슨 약임을 기록하여 모
두가 알게 하라."

_ 세종 30년(1448, 무진) 1월 8일

3-9. 첨단무기, 화포

조선의 화포, 사신을 놀라게 하다

명나라 사신이 화포火砲: 대형 총통 속에 화약을 넣고 돌덩이를 쏘는 포를 보여 달라고 하여 임금이 화붕火棚: 대궐에서 불꽃놀이를 위해 설치하는 무대을 설치하라고 명하였다. 해질녘에 사신과 더불어 태평관에 나아가 구경하였다. 사신 유천이 흥미를 갖고 보다가 불꽃이 터지니 놀라서 들어갔다 나오기를 두 번이나 하였다. 사신 황엄은 놀라지 않는 척했으나 낯빛이 약간 흔들렸다.

_ 세종 1년(1419, 기해) 1월 21일

임금이 판서 권진權軫, 김자지金自知, 안순安純, 신상申商, 참판 이맹균李孟畇, 참판 이중지李中至 등과 의논하였다.

"사신 창성昌盛이 '동팔참東八站: 압록강과 산해관 사이에 있었던 여덟 군데의 역참 가는 길에 호랑이나 늑대가 나올까 무서우니 화포와 발화發火를 가지고 가겠다'고 청했다. 화포는 군에서 쓰는 것이니 중국에 보내는 것이 타당하지 못하다. 이를 어떻게 처리하는 것이 좋겠는가?"

권진 등이 아뢰었다.

"우리나라 사신이 중국에 들어갈 때도 화포를 주어서 보냈습니다. 그의 요청을 들어주어도 관계가 없습니다."

이에 명하여 발화 50자루를 주게 하였다.

_ 세종 12년(1430, 경술) 12월 11일

강력한 전쟁 무기, 화포

임금이 함길도 도절제사都節制使: 도의 군대를 통솔하던 지휘관에게 전하여 말하였다.

"화포는 적을 막는 데에 가장 강력한 무기다. 일찍이 들으니 중국은 북방을 정벌할 때 화포 쏘는 자 외에도 탄환을 지니게 했다고 한다. 한 사람이 말에 탄환을 싣고 따라다니면서, 탄환이 떨어지면 보충해 주니 적을 막을 때 매우 유익했다고 한다. 전에 우리나라에서는 화포의 효력을 보지 못했으나 최근에 변경에서 적을 막을 때에는 자못 그 효과를 보았다. 우리나라에서는 화포

쏘는 사람만 탄환을 지녔지, 말에 여분의 탄환을 싣고 따르는 자가 없다. 이에 가지고 있던 탄환이 다하면 더 이상 쏠 수 없게 되니 나는 이것이 문제라고 생각한다. 우리나라는 길이 험하여 탄환을 싣고 따라다니기가 어렵다. 그래도 한 사람을 따르게 하여 여분의 탄환을 싣고 다니는 게 어떠한가? 적을 방어할 때 탄환이 떨어지지 않도록 바로 전해 준다면 편리하고 유익할 것이다. 지금 변방이 시끄럽다는 소식이 들려오니, 방어책을 만 배는 준비해야 할 것이다.

세주화포細走火砲·소화포小火砲는 적을 방어하는 데 더욱 강력한 무기다. 여기에 화포를 쏘는 데 돕는 자를 두면 더욱 유익할 것이다. 경이 보기에 내 생각이 어떠한가? 만약 시행할 만하다면 탄환을 운반할 말을 조달할 방법과 화포를 실어 나를 사람의 수를 정하라. 경이 헤아려서 조치하되, 만약 말을 구할 수 없다면 군기감軍器監: 병기의 제조와 보좌를 맡아보던 관청의 화포군 중에서 몸이 가볍고 동작이 빠른 자에게 말을 주어 내려 보내겠다. 다만 염려되는 것은 그곳의 군창이 넉넉지 못하여 먹이기 어려울까 하는 것이다. 만약 지금 이 방법이 이익이 없어 쓸모없다면 그만둘 것이니 경이 깊이 생각해 보고 보고하도록 하라."

_ 세종 23년(1441, 신유) 6월 3일

화약 사용 매뉴얼을 만들다

임금이 여러 도의 절제사와 처치사處置使에게 『총통등록』銃筒謄錄
을 보내며 말하였다.

"이제 『총통등록』을 보낸다. 쇠를 녹여 주조하는 방법과 화약
을 쓰는 기술이 세밀하게 실려 있다. 이 책은 국방의 비기秘器이
니 항상 은밀히 감추도록 하라. 경이 혼자 있을 때에만 펴보고
아전의 손에도 맡겨서는 안 된다. 날마다 조심하라. 임기가 만료
되어 관리가 교체될 때에는 다음 관리에게 직접 전하라."

또 명하여 춘추관春秋館: 기록을 담당하는 관청에 보관하였다.

전에 군기감軍器監에서 제작한 총통銃筒: 화전(火箭)·화통(火筒)·화포
(火砲) 등 화기(火器)를 통칭은 제조가 정밀하지 못했다. 화포가 무겁
고 화약이 많이 들었는데 힘은 부족했다. 하여 포가 나가는 거리
가 멀리는 5백 보, 가까이는 2백 보에 지나지 않았다. 을축년세
종 27년, 1445년 봄부터 임영대군臨瀛大君: 세종의 넷째아들 이구(李璆)이 총
통 제작을 감독하였다. 여러 단점을 보강하여 화포의 무게를 헤
아리고, 화약의 양을 시험하여 완성하였다. 새로 만든 것은 전보
다 화약이 적게 들고 포의 무게가 가벼웠다. 사정거리가 멀게는
1천 5백 보, 가까이는 4백 보까지 늘었다. 싣고 나르기에도 편하
고 포를 쏘는데도 전보다 힘이 적게 들었다. 참으로 귀한 국방의

보배이니 후세들이 제작의 기준으로 삼을 만하다. 그리하여 총

통의 길이를 기록하고 그림으로 그려 영구히 전하게 하였다.

_ 세종 30년(1448년 무진) 9월 13일

3-10. 유교국의 기틀을 잡다

삼강오륜을 바로 세우다

사헌부에서 상소하여 아뢰었다.

"나라를 다스리는 길은 삼강오륜을 바로잡는 것보다 더 큰일이 없습니다. 나라의 치란治亂과 흥망이 이에 달려 있기 때문입니다. 그러니 사람으로서 삼강오륜을 어지럽힌다면 천지에 용납될 수도 없거니와 법으로도 용서할 수 없습니다. 엎드려 바라건대 아들이 아버지에게, 아내가 남편에게, 종이 상전에게 죄를 지었다면 비록 살인이 아니더라도 반드시 크게 벌하시고, 아비·남편·상전을 고소하거나 저주하거나 욕한 자는 비록 사면령이 내렸다 할지라도 법에 따라 처단하시기 바랍니다. 이로써 왕법을 엄하게 하시고 삼강오륜을 바로잡으소서."

임금이 의정부와 육조로 하여금 이를 의논하게 하고, 모두 사헌부에서 아뢴 바대로 하였다.

_ 세종 즉위년(1418, 무술) 10월 6일

『효행록』을 만들어 효를 돈독히 하라

경연에 나아갔다. 임금이 진주 사람 김화金禾가 그 아비를 살해
했다는 말을 듣고, 깜짝 놀라 낯빛이 변하면서 자책하였다. 이에
여러 신하를 소집하였다. 임금이 물었다.

"효도와 우애를 돈독히 하고, 풍속을 후하게 할 수 있는 방책
을 아뢰어라."

판부사 변계량이 논의하여 아뢰었다.

"청컨대, 효행에 관련된 서적을 널리 반포하여 백성들이 항상
이를 읽고 외게 하소서. 그리하여 점차 효제와 예의를 행하게 하
소서."

이에 임금이 직제학 설순에게 말하였다.

"요즘 세상 풍속이 각박해졌다. 심지어 자식이 자식 노릇을
하지 않는 자도 있다. 이에 『효행록』孝行錄을 개정하여 어리석은
백성들을 깨우쳐 주고자 한다. 이런 폐단을 구제하는 것이 시급
한 일은 아니지만, 백성을 교화시키는 일은 가장 중요한 일이다.
이전에 편찬한 『효행록』의 24인에다가 20여 인의 효행을 더 넣

고, 고려와 삼국시대에 특별히 효행을 행한 자를 모두 수집하여 한 권의 책으로 편찬하고, 집현전에서 이를 주관하라."

설순이 대답하였다.

"효도는 모든 행실의 근원입니다. 이제 이 책을 편찬하여 사람마다 알게 한다면 매우 좋은 일입니다. 그러나 『고려사』는 춘추관에 보관되어 있어 담당 관원이 아니면 볼 수 없습니다. 청컨대 춘추관에 명하여 쓸 만한 것을 뽑아서 보내도록 하소서."

즉시 임금이 춘추관에 뽑아 올리라고 명하였다.

_ 세종 10년(1428, 무신) 10월 3일

효자, 열녀를 기리는 정문을 세우다

의정부에서 아뢰었다.

"전라도 담양 사람 우씨는 남편이 죽은 뒤에 시어머니를 봉양하며 살았는데, 어느 날 밤 집에 불이 났습니다. 나이 많은 시어머니가 미처 피하지 못했는데, 갑자기 불이 거세져 주변 사람들도 구하러 들어가지 못했습니다. 그때 우씨가 사나운 불길 속으로 뛰어 들어가 시어머니를 부축하고 나왔습니다. 후에 아버지가 딸을 개가시키려고 하니, 우씨가 죽기를 맹세하고 따르지 않았습니다.

황해도 서흥 사람 소금은 열세 살인데 아버지가 미친병에 걸렸습니다. 이에 소금이 스스로 손가락을 끊어서 피를 흘려 약에 타서 마시게 했더니 아버지의 병이 곧 나았다고 합니다.

전라도 전주 사람 이씨는 열네 살에 시집가서 열아홉 살에 남편이 죽었습니다. 이씨 아버지가 딸이 일찍 과부된 것을 슬퍼하여 개가시키고자 하였으나, 이씨가 도망쳐 남편의 집으로 돌아가 죽기를 맹세하고 따르지 않았다고 합니다. 남편 장례를 예에 따라 치르지 못했다고 스스로를 탓하여 시어머니를 극진히 섬기다가 시어머니가 죽으니 장례를 지극한 정성으로 치렀다고 합니다.

남원 사람 소사는 남편이 죽으니 3년 동안을 슬피 울어 그치지 않았다고 합니다. 그의 아버지가 딸이 일찍 과부된 것을 슬퍼하여 개가시키고자 하였으나 따르지 않은 채 30여 년 동안 과부로 살면서 고기를 먹지 않았다고 합니다.

청컨대 모두 효자와 열녀를 기리는 정문旌門: 충신·효자·열녀들을 표창하기 위하여 그 집 앞에 세우던 붉은 문을 세우고 부역과 조세를 면케 해주어 절개와 의리를 장려하소서."

임금이 그대로 따랐다.

_ 세종 26년(1444, 갑자) 8월 14일

四 · 인간 세종

4-1. 준비되지 않은 왕

넌 형을 도울 뿐이다

이 해 겨울에 세자 양녕과 여러 대군 및 공주가 헌수獻壽: 잔치 때 오래 살기를 비는 뜻으로 잔에 술을 부어 드리는 것하고 시와 노래를 바쳤다.

충녕대군후일 세종이 임금께 그 시의 뜻을 물었는데 질문에 요점이 갖추어졌으니 임금이 가상하게 여겼다.

임금이 세자 양녕에게 말하였다.

"장차 너를 도와 큰일을 할 아이다."

세자가 대답하였다.

"동생이 참으로 현명합니다."

임금이 일찍이 충녕대군에게 말하였다.

"너는 정사에 참여할 일이 없을 것이니 평안하게 즐기도록 하여라."

이에 충녕대군이 서화書畫·화석花石·금슬琴瑟: 거문고와 비파 등 취미로 할 수 있는 것들 중에 배우지 않은 것이 없었고 능숙하지 않은 기예가 없었다. 세자가 충녕대군에게 금슬을 배웠기 때문에 둘의 사이가 화목하였다. 임금이 그 화목한 것을 가상하게 여겼다.

_ 태종 13년(1413, 계사) 12월 30일

세자교육 없이 왕위에 오르다

태종 18년1418년 6월, 태종이 개성에 머물 때 문무 백관들이 세자 양녕을 폐하라고 청하였다. 태종이 양녕의 맏아들을 후계로 삼으려 했으나 여러 신하들이 반대하며 아뢰었다.

"전하께서 세자를 극진히 가르치셨음에도 이러한데 어린 손자를 세운다면 앞날을 어찌 보장하겠습니까? 게다가 아버지를 폐하고 아들을 세우는 것이 어찌 의롭다 하겠습니까? 청컨대 현명한 이를 가려 세우시기를 바랍니다."

태종이 말하였다.

"그러면 경들이 현명한 이를 택하여 아뢰라."

여러 신하들이 함께 아뢰었다.

"아들을 알아보는 것은 아버지만 한 자가 없고 신하를 알아보기는 임금만 한 이가 없습니다. 간택하는 것은 전하의 마음에 달렸습니다."

태종이 말하였다.

"충녕대군은 천성이 총민하고 학문을 하는 데 게으르지 않아 추울 때나 더울 때나 밤을 새워 글을 읽는다. 또한 정치의 요체를 알아 나라에 큰일이 생겼을 때마다 의견을 올렸는데 고민하고 헤아린 것이 모두 뛰어났다. 그리고 그의 아들 중에 장차 크게 될 재목이 있으니 내 이제 충녕을 세자로 삼고자 하노라."

여러 신하들이 모두 아뢰었다.

"신들이 말씀드린 현명한 이도 충녕대군을 말한 것입니다."

논의가 결정되자, 태종은 충녕을 왕세자로 삼고 백관에게 명을 내려 하례하게 하였다. 그리고 장천군 이종무를 보내 종묘에 고하고 교서를 내렸다.[*]

_ 세종실록 총서

---

[*] 충녕대군은 세자로 책봉되자마자 2개월 만에 왕위에 오른다.

4-2. 세심하고 꼼꼼한 왕

임금이 공조工曹: 건축·산림 등을 맡아보던 중앙관청에 명하여 표문表文: 황제께 보내는 외교문서 통에 그려 넣은 용의 견본을 올리게 하였다. 임금이 이를 보고 말하였다.

"지금 공조에서 올린 견본을 보면 용에 어금니가 있다. 그런데 내가 표문에 배례拜禮: 절하여 예를 표하다할 때 그 통을 보니 용에 어금니가 없었다."

즉시 색칠할 금을 싸 가지고 가라고 화원畵員에게 명하였다. 화원이 성절사의 행차를 뒤따라 가 어금니를 그려 넣었다. 성절사가 다녀와서 아뢰었다.

"표문 통의 다섯 마리 용과 보자기 안의 한 마리 용에도 모두 어금니가 없었습니다. 모두 어금니를 그려 넣어서 가지고 갔습니다."

사헌부에 명하여 공조좌랑工曹佐郎 원지어元志於와 그림을 그린

화원을 국문하게 했다.

사헌부에서 아뢰었다.

"원지어가 자세히 살피지 않았으니 태형 50대를 치고, 화원 양비楊斐와 영사 정이鄭理에게는 곤장 60대를 치소서."

임금이 명하여 양비와 정이에게 태형 각각 20대씩을 치도록 하고, 원지어는 논죄하지 말도록 하였다.

_ 세종 13년(1431, 신해) 11월 16일

임금이 유상지俞尙智에게 말하였다.

"전에 찬술한 『효자도』孝子圖에 아내가 시부모 앞에서 개를 꾸짖는 것을 보고 남편이 아내를 내쫓는 장면이 있었다. 사람들이 남편을 효자라고 하는 것은 그가 부모에게 순종했기 때문이다. 하지만 나는 민가에서 자기 아내를 버리려는 사람들이 이것을 핑계댈까 염려스럽다. 그러니 이와 같은 사소한 의리는 기록하지 않는 것이 어떠한가?"

유상지가 대답하였다.

"성상의 말씀이 옳습니다."

_ 세종 13년(1431, 신해) 12월 20일

임금이 승정원에 말했다.

"옛날 고려에서 원나라 세조世祖에게 옥띠를 바쳤는데, 원나라 관리가 진짜 옥이 아니라 하여 죄주기를 청했다. 원나라 세조가 말하였다. '다른 나라 사람이 알지 못하고 바쳤으니 무슨 죄가 있겠는가. 죄를 주지 말라.'

또 옛날 우리나라에서 당나라 고종高宗에게 홍색 옥띠를 바쳤다. 세상에 드문 보물이라고 칭찬하였는데 그 뒤 우리나라에 큰 가뭄이 생기자 모두들 말했다. '나라에 대대로 전해야 할 보배를 가벼이 다른 나라로 보낸 탓으로 그리 된 것이다.'

내 일찍이 말한 적이 있다. 우리나라에서는 옥이 난 일이 없으므로 그 옥대들은 모두 다른 나라에서 얻어왔을 것이다. 지금 수원에서 나는 옥으로 악기를 만들어 보았으나 단단하고 정확하지 못하다. 이것은 옥과 유사한 돌이지 옥이 아니다. 평안도 의주와 황해도 성천成川에서 나는 청옥·황옥·백옥은 수원의 옥에 비하면 조금 낫다. 지금 서울·김포·청주에 옥이 나는 곳이 꽤 많고 그 품질이 청옥·백옥·벽옥에 비하면 확실히 더 좋다. 내 생각으로는 청주에서 나는 옥만 진짜라고 할 수 있고 나머지는 알 수 없다.

앞서 의정부에서 옥 채굴을 금하는 교지에 '진옥'眞玉이라는 문구가 있었다. 이것이 진짜 옥이면 '진옥'이라고 하는 것이 좋겠지만 만약 진짜가 아니면 어찌 후세에 웃음거리가 되지 않겠는가? 그러니 '진옥'이라는 문구를 고쳐서 '옥 같은 돌'[似玉之石]이라고 하는 것이 좋겠다. 그러면 후에 진짜 옥으로 판명되더라도 뒷사람들이 보고 '잘 몰랐구나'라고 할 것이니 이것은 크게 해로운 일은 아니다."

_ 세종 26년(1444, 갑자) 10월 26일

임금이 춘추관에 교지를 내렸다.

　"전에 편찬한 『고려사』에 작은 실수가 있어서 다시 편찬하게 하였다. 그런데 요遼나라에서 세자에게 면복冕服을 내려 준 일을 또 빠뜨렸으니 다시 교정하도록 하라. 그리고 한 글자와 한 가지 일이라도 빠져서 고쳐야 하는 곳은 모두 다 표를 붙여서 아뢰라."

_ 세종 31년(1449, 기사) 1월 4일

4-3. 지독한 공부벌레

경연에 나아가 『대학연의』大學衍義를 강론하였다.

　임금이 말하였다.

　"다 읽었으나, 또 읽고 싶다."

　이지강李之剛이 아뢰었다.

　"거듭 읽고 익숙해질 때까지 읽는 것이 '성의'誠意의 공부를 다하는 것입니다."

_ 세종 1년(1419, 기해) 3월 6일

경연에서 『대학연의』를 종강하였다. 임금은 정사에 부지런하고 천성이 글 읽기를 좋아하여 날마다 편전에서 정사를 보고 나면 경연을 열었다. 상왕의 외유나 연회를 받드는 때 외에는 잠깐도 폐한 일이 없었다.

_ 세종 1년(1419, 기해) 3월 27일

경기·충청·경상·전라·강원·황해·함길도의 감사에게 임금의 명을 은밀히 전했다.

"옻나무의 열매를 꽃대까지 단 채로 따서 조심히 차례로 전달하여 서울까지 올려 보내도록 하라."

그 기름이 연기가 없고 밝기 때문에 임금이 밤에 독서하는 데 쓰려 한 것이다.

_ 세종 5년(1423, 계묘) 8월 4일

임금이 잠저潛邸: 왕이 즉위하기 전에 거주하던 사저에 있을 때부터 공부를 좋아하여 게을리하지 않았다. 일찍이 몸이 아플 때도 독서를 그치지 않으니 태종께서 환관을 시켜 서책을 모두 감추게 하셨다. 즉위하고도 손에서 책을 놓지 않아 수라를 들 때에도 반드시 책을 펼쳐 좌우에 놓았으며 밤새 보고도 싫증내지 않았다.

일찍이 가까운 신하에게 말하였다.

"내가 궁중에 있으면서 손을 놓고 한가롭게 앉아 있었던 적은 없다."

이러했기 때문에 학문에 널리 통했고 심지어는 본국 역대의 사대문적事大文籍: 외교문서에 이르기까지 보지 않은 것이 없었다. 어느 날 가까운 신하에게 말하였다.

"내가 책을 한 번 보면 잊어버리지 않는다."

그 총명함과 학문을 좋아하시는 것은 천성이었다. 한 번은 주자소에서 중국어로 번역한 여러 서적을 인쇄하게 하고 신하들에게 읽게 하였다. 한 번 들으면 반드시 기억했다. 신하에게 이렇게 말하였다.

"내가 중국어로 번역한 책을 보는 데는 다른 이유가 있는 것이 아니다. 중국어를 알면 명나라 사신과 만났을 때 대답할 말을 빨리 생각해서 준비할 수 있기 때문이다."

임금이 한 번 보고 기억하는 것은 책 내용만이 아니었다. 수많은 신하들의 이름, 내력, 가계 등 작은 것이라도 한 번 들으면 잊지 않았으며, 또 한 번 그 얼굴을 보면 비록 여러 해를 만나지 못했더라도 다시 볼 때 반드시 그 이름을 불렀다. 사물의 정밀하고, 소략하고, 아름답고, 추악한 것에 이르러서도 한 번 보면 반드시 그 미세한 차이를 정확히 분별하였고, 목소리의 맑고 탁함, 높고 낮음을 한 번 듣고도 그 사람이 도리를 갖추었는지를 아시니 그 총명과 예지가 이와 같았다.

_ 세종 5년(1423, 계묘) 12월 23일

임금이 계몽산啓蒙算: 수학책을 공부할 때 정인지가 곁에서 질문을 기다리고 있었다.

임금이 말하였다.

"산수算數를 배우는 것이 임금에게는 필요없을 것 같지만 이것도 성인이 만든 것이므로 나는 배우고자 한다."

_ 세종 12년(1430, 경술) 10월 23일

임금은 매일 사경四更: 새벽 1시~3시이면 옷을 갖추어 입었다. 날이 환하게 밝으면 조회朝會: 관원들이 아침 일찍 임금께 문안을 드리고 정사를 아뢰는 일를 받고 다음에 정사를 보고 다음에는 윤대輪對: 문무 관원이 번갈아 궁중에 참석하여 임금의 질문에 응대하던 일를 행하고 그 다음에는 경연임금에게 유학의 경서를 강론하는 일에 나아갔다. 이것을 조금도 게을리하지 않았다.

집현전을 세워 글 잘하는 선비를 뽑아 고문으로 두었다. 경서와 역사책을 열람할 때는 즐거워하여 싫증낼 줄을 몰랐다. 희귀한 문적이나 옛 문집은 한 번만 보아도 잊지 않았다. 모범이 될 만한 일을 살피고 마음을 가다듬고 다스리기를 한결같이 하였다. 문과 무의 정치가 빠짐없이 잘되었고 예악을 모두 일으켰다. 종률鍾律과 천문을 읽는 일 같은 것은 이전에는 알지도 못하던 것인데 모두 임금이 발명한 것이다.

_ 세종 32년(1450, 경오) 2월 17일

4-4. 길게 보고 행하라

비난받더라도 할 것이다

임금이 말하였다.

"한나라의 선제宣帝는 총명하고 지혜로운 임금이라고 칭송받았고 당시 한나라는 가장 왕성하였다. 안으로는 관리들이 각자의 직무에 최선을 다하였고 백성들의 생업 또한 안정되었다. 밖으로는 흉노들이 스스로 귀순하여 들어와 한나라의 관리가 되기를 청하였다. 그러나 후세에 평가하는 자들은 선제가 도리어 화를 자초한 임금이라고 말한다. 송나라의 왕안석王安石은 대신이 되었을 때 스스로 나라를 보좌하고 백성들을 편안하게 한다고 하였으며, 신종神宗도 또한 스스로 정신을 가다듬어 잘 다스리기를 도모한다고 하였다. 그러나 후세의 비난을 면치 못한다.

내가 지금 백성에게 이로운 일을 시행하고 있으나 후세에 나를 나무라는 자가 어찌 없겠는가? 지금 비록 평안하다고 말하나 이제부터 쇠퇴하고 어지러워지는 조짐이 시작될 수 있다. 오늘의 태평한 것을 믿고 후일의 환란을 생각하지 않으면 안 될 것이다.

경서經書를 깊이 연구하는 것은 실제에 응용하기 위해서이다. 경서와 역사서를 깊이 연구하여 다스리는 도리를 두루 살펴보면 나라를 다스리는 일은 손바닥 뒤집는 것처럼 쉬워 보인다. 그러나 실제로 닥치면 어찌할 바를 모를 수 있을 것이다. 내가 비록 경서와 역사서를 널리 찾아 읽었으나 아직 능숙하지 못하니 이와 무엇이 다르겠는가?"

_ 세종 7년(1425, 을사) 12월 8일

수차를 직접 시험해 보다

지인知印: 함경도와 평안도에 둔 향리직 중 하나로 지방행정 및 군사에 관한 일을 맡았다 이극강李克剛이 아뢰었다.

"신이 철원과 수원에 가서 수차水車를 설치한 상황을 살펴보았습니다. 기계를 모두 갖춘 후 사람을 시켜서 물을 길어 올리게 하니 즉시 새어 버려 물을 댈 수가 없었습니다."

임금이 사정전思政殿: 경복궁의 편전. 임금이 평상시에 머물면서 정사를 돌보던 곳에 나아가 지신사 안숭선安崇善을 보고 말하였다.

"태종 때에 우희열禹希烈이 제방 쌓는 일을 감독했는데, 여러 사람의 반대를 무릅쓰고 실행하여 태종께서 칭찬하셨다. 그 뒤에 쌓은 제방이 부실한 것도 많았지만 물을 대는 데는 쓸 만했으므로 백성들도 많은 이익을 보았다. 지금은 나랏일에 밤낮으로 마음을 다하는 자가 적으니 진실로 탄식할 일이다. 수차는 가뭄을 대비하기 위해 만든 것인데, 관리하는 자가 모두 마음을 쓰지 않고 자갈땅에 설치하여 쓸모없게 만드니 심히 마땅치 않구나. 위로는 중국으로부터 아래로는 왜국倭國에 이르기까지 모두 수차로 이익을 보는데 어찌 우리나라에서만 행하지 못한단 말인가? 내가 늘 여기에 마음을 쓰고 있다. 급하게 이익을 보려 하는 것이 아니다. 시간이 걸려도 반드시 성공시키고야 말 것이다. 이 일을 맡을 만한 사람을 골라 각 도에 나누어 보내도록 하라."

이온李韞을 경차관敬差官: 조선시대에 특수임무를 띠고 각 도에 파견된 특명관으로 임명하여 경기·강원·함길도에 보내고, 전前 서령署令 오치선吳致善을 충청·전라도에, 경력經歷 박결朴絜을 경상도에, 호군護軍 조곤趙昆을 평안·황해도에 보냈다.

_ 세종 13년(1431, 신해) 5월 17일

임금이 말하였다.

"중국과 왜국에서는 모두 이용하는데 우리나라에서는 어찌 쓰지 못하겠는가? 이것을 사용하는 사람이 애쓰지 않았거나 혹은 그 요령을 알지 못하기 때문이다."

김종서가 대답하였다.

"본국은 토질이 나쁘고 샘물이 낮아서 백 배나 공력을 들여도 하루에 물 대는 것이 1무畝: 약 30평에 불과하고 그마저도 수차가 멈추면 땅속으로 스며듭니다. 신이 그 상황을 직접 보았습니다."

임금이 말하였다.

"사람들이 모두 새로 제작하는 것을 꺼리는구나."

곧 경차관을 각 도에 나누어 보내 수차를 많이 설치했다. 그런데 오래도록 효력이 없다고 하니 임금이 이를 의심하였다. 그리하여 환관을 시켜서 행궁 근처에 수차를 설치하게 했다. 사람 백 명을 써서 물을 올려도 하루에 물 대는 것이 1무에 그치고 또한 다 새어 버렸다.

그리고 안숭선을 보내 확인하도록 했다. 안숭선이 아뢰었다.

"김종서는 한결같이 쓸 수 없다고 말했습니다. 함께 가서 그 장단점을 따져보게 하소서."

임금이 이를 허락하니 김종서가 함께 가서 살펴보았다. 80여 명의 사람을 써서 종일 물을 길어도 물 대는 것이 1무에도 미치지 못하고 모두 샜다. 안숭선 등이 돌아와서 그 상황을 아뢰었다. 재상들에게 의논하니 모두 쓸 수 없다고 하였다. 임금이 곧 각 도에 파견된 경차관을 돌아오게 하고 인력으로 돌리는 수차는 모두 없애고 스스로 도는 수차만 없애지 말도록 하였다.

_ 세종 15년(1433, 계축) 4월 8일

4-5. 문제 형님, 양녕

광주廣州의 관리가 달려와 아뢰었다.

"양녕대군이 지난밤 자정에 편지를 써 놓고 담을 넘어 도망갔습니다."

상왕上王: 태종이 한탄하며 식음을 전폐하고 환관과 내금위內禁衛 관리들을 보내어 광주에 앞질러 가서 찾아오게 하였다. 그리고 곧 교지를 내렸다.

"양녕대군은 성질과 행실이 광망狂妄: 미친 사람처럼 망령됨하나, 내가 골육의 정으로써 양근楊根: 양평 지방에 집을 마련하고 녹봉을 후히 주어 편안히 부귀를 누리게 했다. 그런데 양녕대군은 그 광망한 증세를 이겨 내지 못하고 집을 나갔다. 경기도 관찰사로 하여금 도내에 알려 찾게 하고 찾은 사람의 이름을 적어서 올리도록 하라. 내가 아끼지 않고 상을 내리겠다."

임금도 하교하였다.

"양녕대군은 골육지친骨肉至親이니, 경기도 감사는 마음을 다해 찾아 주길 바란다. 찾은 자에게는 큰 상을 주겠다."

상왕은 이배李倍와 김경金俓에게 양녕을 찾으라고 명하였다.

모두가 양녕대군이 담을 넘어 도망간 것에 대한 허물을 애첩 어리에게 돌리니 어리는 근심스럽고 분함을 이기지 못하여 이날 밤에 목을 매어 죽었다.

일찍이 양녕대군이 세자시절에 금상今上: 세종에게 말했다.

"내가 어리가 아름답다는 말은 예전부터 들었다. 그러나 어리가 도성 밖에 살았기 때문에 어찌할 수 없었다. 그 뒤 서울에 들어왔다는 소문을 듣고 직접 그 집에 가서 나오라고 했다. 그 집에서 숨기고 내보내지 않았다. 내가 강요했더니 어리가 마지못해 나왔는데 머리에는 녹두가루가 묻고 세수도 하지 않았는데도 한눈에 미인임을 알 수 있었다. 그 집 사람더러 말을 대령하여 태우라고 했으나 좋아하지 않았다. 그래서 내가 '그렇다면 내 말에 어리를 태우고 나는 걸어가겠다'고 했더니 마지못해 말을 대령했다. 내가 어리의 옷소매를 끌어 말을 타게 하니 어리가 말했다. '저를 붙들어 올리지 않더라도 탈 생각이었습니다.' 그때 온 마을 사람들이 삼대같이 빽빽하게 몰려들었다. 그날 밤은 광통교廣通橋 가에 있는 오두막집에서 잤다. 이튿날 어리가 머리를 감고 연지와 분을 바르고 저물녘에 말을 타고 내 뒤를 따라 함

께 궁으로 들어왔다. 어렴풋이 비치는 불빛 아래 그 얼굴을 바라
보니 잊으려 해도 잊을 수 없이 아름다웠다."

_ 세종 1년(1419, 기해) 1월 30일

판광주목사判廣州牧事 문계종文繼宗이 몰래 고하였다.

"양녕이 남의 첩을 뺏으려고 합니다."

곧 환관을 보내어 조사해 보니 과연 그러하였다.

상왕이 조말생에게 교지를 내렸다.

"양녕이 요즘 매사냥을 하다가 광주 관리의 첩을 보고 빼앗으
려다가 이루지 못하였다. 허물을 바로잡지 못한 것이 이와 같으
니 나는 양녕을 다시 보지 않겠다. 나를 보고 단속하지 않았다고
하지 말라."

_ 세종 1년(1419, 기해) 12월 20일

상참常參: 약식 조회을 받고 정사를 보는데, 우사간 임종선任從善과
장령 성봉조成奉祖 등이 아뢰었다.

"근래 저희들이 양녕대군의 일로 여러 차례 아뢰었으나 윤허
를 받지 못해 민망함을 견딜 수 없습니다. 양녕은 군주이신 아버
지께 죄를 지었으므로 태종께서 지방으로 내치고 명하셨습니
다. '내가 죽은 뒤에도 서울에 들어오지 말라.' 이 말씀을 분명히

신하들이 함께 들었습니다. 그런데 양녕대군에게 하인을 하사하고 또 서울 집에 들어와 살게 하시니 이런 일들은 태종의 명에 어긋나지 않겠습니까?"

임금이 말하였다.

"너희들이 양녕의 일을 말할 때 매번 태종의 말씀을 핑계로 삼는데 이 말이 옳기는 하다. 태종께서 양녕을 처음 폐할 때에 서울에 들어오는 것을 엄하게 금하셨다. 그러나 수년이 못 되어서 정초나 생신 때가 되면 들어와서 문안하는 것은 허락하셨다. 그후 과인의 생일에도 들어오도록 하여 금한 것을 점차로 풀어주셨다. 서울에 들어오도록 한 것 역시 태종께서 직접 내리신 명이니 어찌 처음 말씀만을 고집할 것인가? 태종께서 오늘날 계신다 하더라도 양녕에 대한 처우를 이와 같이 하셨을 것이다. 어찌 영구히 떠돌게 하고 돌아오지 못하게 할 수 있겠는가?

양녕은 자기 행실에 문제가 있어 왕위를 계승하지 못했던 것이다. 모반한 죄가 있었던 것도 아니고 우리 형제간에 문제가 있었던 것도 아니다. 아무 문제 없는 골육지간을 너희들은 도리어 의심하고 꺼리게 만들어 우애조차 나누지 못하게 하니 이 역시 옳지 못한 짓이 아닌가? 옛사람들이 임금에게 간할 때, '시기하고 싫어하는 마음으로 골육지간을 박대하는 것은 옳지 못하다'고 말하는 경우는 있었다. 그러나 신하들이 임금에게 의심하고 꺼리는 마음을 갖도록 간언하는 말은 듣지 못했다."

이조판서 하연河演이 아뢰었다.

"양녕대군이 일찍이 세자였으니 다른 종친의 예와는 같을 수 없습니다. 전하께서는 다만 부귀만 보장해 주셔야 하는데 하인도 주고 서울에 들어와 살게 하시니 이는 타당하지 못합니다."

임금이 말하였다.

"세자로 세운 것도 태종의 명이었고 그후에 물리친 것도 또한 태종의 명이시니 무엇으로 명분을 의심하는가? 또 경이 '다만 부귀하게만 할 뿐이라'고 하나, 왕족 중의 장자로서 시종이 두 명도 안 된다면 부귀하다고 말할 수 있겠는가? 경들이 내가 신하들의 간언을 듣지 않는다고 하니 차라리 내가 그 책망을 받겠노라."

성봉조가 아뢰었다.

"태종께서 비록 서울로 들어오게 허락했더라도 명하시기를, '내가 죽은 후에는 서울에 들어오지 못한다'고 하셨습니다. 지금 태종께서 돌아가신 이후에 전하께서 서울에 들어오게 하셨으니 형제의 정으로써는 지극하지만 태종의 유훈에는 어긋나는 것이 아니겠습니까?"

임금이 말하였다.

"내 이미 알고 있다. 경들은 입만 열면 우애의 정이라 운운하니 내 실로 부끄럽다. 만약 나의 우애하는 정이 지극히 정성스러워 남을 감동시켰다면 경들의 의견이 이처럼 분분하겠는가? 내 실로 부끄럽다. 내가 경들의 뜻을 억지로 따라서 전날 교지를 내리기는 했다. 그러나 양녕이 서울 집에도 살지 못하고 서울 밖으로 나가게 하고, 조정 반열에도 참예하지 못하게 한다면 이미 다른 종친들과 크게 차이가 있는 것이다. 시종을 내리는 일은 모두 사소한 것이다. 경들이 청해도 나의 뜻을 꺾을 수 없다. 다시는 말하지 말라."

_ 세종 20년(1438, 병술) 1월 10일

4-6. 불자 형님, 효령

임금이 의성군誼成君 이채李寀: 효령대군의 맏아들의 집에 거둥하여 효령대군에게 잔치를 하사했다. 그 병에 차도가 있어 잔치를 연 것이다. 임금이 의성군 집에 도착해 어가에서 내리면서부터 눈물을 줄줄 흘리고 효령을 보고는 또 울었다. 이날 잔치를 베푸니 참여한 종친들이 차례로 일어나 춤을 추었다. 끝으로 효령도 일어나 춤추고 헌수하였다. 임금도 일어나 춤추고는 이내 또 눈물을 흘렸다. 잔치가 한창 무르익어 흥겨운데 임금이 말하였다.

"내가 당초 밤을 샐 계획이었으나 소낙비가 내려 군사들이 노천에서 비를 맞고 있으니 마음이 안 좋다."

드디어 연회를 파하고 궁으로 돌아가니 이미 한밤중이었다.

_ 세종 20년(1438, 무오) 9월 5일

사헌부에서 아뢰었다.

"효령대군이 중들을 불러 모아 불경을 읽는다고 합니다. 신들은 불도를 숭상하는 조짐이 여기에서부터 시작될까 두렵습니다. 청컨대 그만두라고 명하소서."

임금이 말하였다.

"효령이 두어 달 병을 앓다가 이제 조금 나았다. 하여 불경을 읽는다고 하는데 이것이 비록 올바른 도는 아니지만 병 때문에 하는 것인데 내 어찌 금하겠는가?"

_ 세종 20년(1438, 무오) 11월 12일

효령대군이 회암사檜巖寺에서 불사佛事를 하고 있을 때였다. 양녕대군이 사냥해서 잡은 새와 짐승을 가져와 절 안에서 구웠다.

효령대군이 말하였다.

"지금 불공을 드리고 있는데 절 안에서 이러시면 어찌하오?"

양녕대군이 말하였다.

"부처가 만일 영험하다면 지금같이 무더운 날에 자네의 귀마개는 왜 벗기지 못하는가? 나는 살아서는 국왕의 형이 되어 부귀를 누리고, 죽어서는 불자의 형이 되어 보리菩提: 깨달음에 오를 테니 또한 즐겁지 않겠는가."

효령대군이 할 말을 잃었다. 효령대군이 이 절에서 법회를 베풀었다. 승도들을 모아 시詩를 짓게 하고 중 만우卍雨에게 등수를 매기게 하였다. 한 중이 말했다. "효령대군은 미륵신이라."

효령대군이 병이 있어서 아무리 더운 때라도 항상 털 귀마개를 쓰기 때문에 이렇게 말한 것이었다.

_ 세종 28년(1446, 병인) 4월 23일

4-7. 영민한 세자

집현전 직제학直提學 신장申檣과 김자金赭에게 명하여 원자元子: 후
일 문종에게 『소학』을 가르치게 하였다. 이때 원자는 여덟 살로 배
움에 부지런하고 스승을 존중하며 장난을 좋아하지 않았다.

_ 세종 3년(1421, 신축) 1월 12일

원자 이향李珦이 조복朝服: 의식 때 입는 예복을 차려입고 대궐 뜰에서
책봉의식을 연습하였다. 때마침 큰 바람이 불어서 먼지가 휘날
렸다. 이에 여러 신하들의 거동에 많은 실수가 있었지만 원자는
행동이 엄중하고 침착하여 조금의 차질도 없이 예에 따라 하였
다. 여러 신하들이 기뻐하고 경탄했는데 눈물을 흘리는 자도 있
었다.

_ 세종 3년(1421, 신축) 10월 26일

임금이 면복冕服: 면류관과 곤룡포을 하고 인정전에 나아가 원자 이향을 왕세자로 책봉하였다. 책문册文은 이러하였다.

"저부儲副: 왕위를 이을 왕자를 세워 나라의 근본을 정하는 것은 모든 나라에서 행하는 의식이다. 공의公義가 있어야 명분名分을 바로잡을 수 있고 사람들의 마음도 단속할 수 있는 것이다. 옛날 일을 상고해 이 의식을 거행한다.

너 이향은 영리하고 지혜롭고 성숙하며 예의범절을 갖추었다. 어질고 명석한 자질이 있으니 대통이 너에게 돌아갈 것이다. 대대로 적장자의 높은 자리는 백성들의 마음이 귀속되는 곳이다. 크게 좋은 날을 가려 종묘에 고하고 장자로 하여금 조종을 잇게 하노니 너를 세워 왕세자로 삼노라.

아아, 하늘은 치우친 바 없이 오직 덕德이 있는 자만을 돕는다. 현명한 장자로 세자의 권한을 받았으니 너는 극히 검소하고 극히 관대하게 하여 이 나라의 경사慶事를 길이 이어가도록 하라."

세자가 책봉을 받을 때 나아가고 물러가며 응대하는 동작이 모두 예에 맞아 신하들이 탄복해 마지않았다.

_ 세종 3년(1421, 신축) 10월 27일

4-8. 부인복 없는 세자

술수를 쓴 첫번째 부인 김씨

임금이 근정전에 나아가 하교하였다.

"남녀가 만나는 것은 민생의 기본이다. 운명의 길고 짧음과 나라의 흥망성쇠가 여기에 달렸다고 한다. 옛날 주나라 문왕이 세자로 있을 때에 착한 여인 사씨姒氏를 배필로 삼았다. 사씨는 군자의 배필로써 아름답고 기품이 있었고, 나뭇가지가 아래로 늘어지는 것처럼 아랫사람들에게 어질어 자손을 많이 낳고 집안을 화목하게 이끌었다. 아아, 아름답구나.

하지만 후세로 내려오면서 순후한 풍습은 점점 엷어지고 여자가 지켜야 할 도리는 전하지 않게 되었다. 왕비와 빈첩 중에 아내로서 마땅히 지켜야 할 덕행은 생각지 않고 사사로이 남편의 총애만을 다투는 이들이 생겼다. 심한 자는 아양 떨기에 힘쓰거나 주술로 사랑을 독차지하려다 폐출되기도 했다. 여러 역사책을 상고해 보면 침실 안의 일들은 대체로 애매한 것이 많다. 만약 사실과 증거가 드러나서 숨길 수 없는 지경에까지 이른다면, 이는 모두 스스로 그렇게 만든 것이니 누구를 탓할 수 있겠는가.

우리 왕조는 가법家法이 잘 다스려져서 비빈들의 내조가 그치지 않았다. 작년에 세자를 책봉하고 명문가의 딸인 김씨를 간택하여 세자빈으로 삼았다. 그런데 뜻밖에도 김씨가 주술을 쓴 단서가 발각되었다. 과인이 듣고 매우 놀라 즉시 궁인을 보내어 심문하게 하였더니, 김씨가 대답하였다. '시녀 호초가 가르쳐 준 것입니다.' 하여 호초를 불러 직접 사유를 물었다.

호초가 진술하였다. '작년 겨울에 세자빈께서 남자에게 사랑받는 방법을 묻기에 모른다고 대답했습니다. 그러나 빈께서 강요하셔서 제가 가르쳐 드렸습니다. 남편이 좋아하는 여인의 신을 가져다가 불에 태워서 가루로 만들어 술에 탄 후 남편에게 마시게 하면, 부인이 사랑을 받게 되고 저쪽 여인은 배척을 받는다 합니다. 효동孝童과 덕금德金 두 시녀의 신을 가지고 시험해 보는 것이 좋겠습니다.'

효동과 덕금은 세자빈 김씨가 시기하는 여인들이다. 김씨는 즉시 그 두 여인의 신을 가져다가 자기 손으로 잘라내 간직하고 있었다. 이렇게 하기를 세 번이나 하였다. 김씨가 그 술법을 써 보고자 하였으나 그럴 틈을 얻지 못했다고 한다. 시녀 호초가 또 말했다. '그 뒤에 세자빈께서 다시 그밖에 또 무슨 술법이 있느냐 물으셔서 제가 또 가르쳐 드렸습니다. 두 뱀이 교접할 때 흘린 정액을 수건으로 닦아서 차고 있으면 반드시 남자의 사랑을 받습니다.'

아아, 슬프다. 정말 이런 일이 있다니. 세자를 책봉하고 그 배필을 간택한 것은 종묘의 제사를 받들며 국모로서 모범이 되어 만세토록 큰복을 이어 가기 위함이었다. 지금 김씨가 세자빈이 되어 두어 해도 못 되었는데 요망하고 사특한 계책이 이와 같다. 김씨가 투기하는 마음 없이 삼가고 화합하는 덕을 드러내어, 『시경』의 「계명」鷄鳴편처럼 남편을 내조하고, 「종사」螽斯편처럼 자식을 번창하게 하는 복을 불러올 것을 앞으로 어찌 바랄 수 있겠는가? 이런 세자빈이 제사를 받들면 선대의 신령이 흠향하지 않을 것이며 조정에서도 용납하지 못할 것이다. 그러니 폐출시키는 것이 마땅하다. 내 어찌 그대로 둘 수 있겠는가.

선덕宣德 4년세종 11년 7월 20일에 종묘에 고하고 김씨를 폐하여 서인으로 삼아 책인冊印: 책서와 인장을 회수하고 사가로 쫓아 돌려보냈다. 하여 경박하고 방탕한 사람으로 하여금 우리 집안의 법도를 더럽히지 못하게 하였다. 김씨에게 아첨하여 죄를 짓게 한 시녀 호초는 해당 관사에 넘겨 합당한 벌을 받게 하였다. 생각하건대 이것은 상례常例에 벗어난 일로 여러 신하들이 놀랄 만한 일이다. 그들이 이 일의 자초지종을 자세히 알지 못하기 때문에 이에 교서를 내려 알리노라."

_세종 11년(1429, 기유) 7월 20일

투기와 거짓말을 일삼은 두번째 부인 봉씨

임금이 도승지 신인손辛引孫과 동부승지 권채權採를 어탑御榻: 임금이 앉는 상탑 앞으로 불러 측근의 신하를 물리치고 말하였다.

"올해는 성취되는 일이 없어 마음이 실로 편치 않다. 요사이 또 괴이한 일이 있는데 이는 입에 올리기조차 수치스럽다. 우리 태종 이래로 가법이 바로잡혔고, 나 역시도 중전의 내조에 힘입었다. 중전은 성품이 매우 유순하고 언행이 훌륭하여 투기하는 마음이 없었다. 하여 태종께서 나뭇가지가 늘어져 아래에까지 미치는 것처럼 덕이 넘쳐 흐른다고 칭찬하셨다. 이런 까닭으로 집안이 지금까지 화목하였다. 정미년세종 9년 세자 나이 열네 살에 신하들이 아뢰었다. '후사를 잇는 일이 중대하므로 빨리 배필을 정해야 될 것입니다.' 세족인 김씨를 간택하여 빈으로 삼았다. 하지만 김씨는 실로 어리석고 모자라 기유년세종 11년의 사건을 일으켰으므로 김씨를 폐하고 봉씨奉氏를 간택하였다. 한데 그 이후 몇 해 동안 봉씨도 세자와 금슬이 좋지 못하였다. 내가 중 전과 함께 항상 가르치고 타일러서 그후에는 세자가 봉씨를 대 하는 태도가 조금 달라지긴 했다. 하지만 부모라도 어찌 자식에 게 침실의 일까지 다 가르칠 수 있겠는가? 생각하건대 선대를 계승해야 하는 세자에게 후사를 두는 것보다 더 큰일이 없는데 부부 관계가 이와 같으니 어찌하랴. 또 아직 나이가 어려 잉첩滕 妾을 많이 둘 수가 없으므로 내 근심한 지가 이미 오래다.

　이러한 뜻을 허조許稠에게 의논했더니 허조가 아뢰었다. '이것 은 작은 일이 아닙니다. 어찌 작은 혐의로 나라에 관계된 일을 어둡게 해서야 되겠습니까? 마땅히 명문가의 덕 있는 규수를 잘 골라서 세자빈으로 준비시켜 널리 후사를 잇도록 해야 합니다.' 하여 세 사람의 승휘承徽: 세자의 후궁를 뽑았다. 그런데 봉씨는 본 래 투기가 심한 데다가 처음부터 사랑받지 못했으므로 오랫동 안 원망과 앙심을 품고 있었다. 그러다 승휘 권씨가 임신을 하게 되자 봉씨가 더욱 분개하고 원망하여 항상 궁인에게 말하였다. '승휘 권씨가 아들을 낳으면 우리들은 쫓겨날 것이다.' 때로는 큰 소리로 울기도 하여 그 소리가 밖에까지 들렸다. 내가 중전과 함께 봉씨를 불러서 타일렀다. '매우 어리석구나. 네가 세자빈이 되었는데도 아들이 없는데 만약 승휘 권씨가 다행히 아들을 낳게 되면 보통 사람이라면 기뻐해야 할 일이다. 그런데 도리어 원망하는 마음을 품다니 괴이하지 않은가?' 그러나 봉씨는 조금도 뉘우치는 기색이 없었다.

이에 앞서 세자의 유모가 항상 궁 안의 일을 맡아 보았는데 유모가 죽자 중전이 늙은 여종을 보내어 유모의 일을 대신 맡게 하였다. 늙은 여종은 평소 순직하고 근신하며 말이 적은 사람이었다. 세자빈이 늙은 여종을 시켜 세자의 의복, 가죽신, 허리띠 등의 물건을 몰래 자기 아버지 집에 보내고 또 속옷, 적삼, 바지 등을 여자 의복으로 고쳐서 그 어머니에게 보냈다. 나는 봉씨가 어버이를 위해서 한 것이라 하여 책망하지는 않았다. 다만 세자의 속옷으로 어버이의 의복을 만들어서는 안 된다고 꾸짖었을 뿐이었다.

그후에 또 세자에게 항상 가르쳤다. '여러 승휘가 있지만 어찌 정실에게서 아들을 두는 것만큼 귀할 수가 있겠는가. 정실을 멀리해서는 안 되느니라.' 이때부터 세자가 봉씨를 조금 우대하였다. 그후에 봉씨가 스스로 '태기가 있다'고 말하여 궁중에서 모두 기뻐했다. 그가 혹시 놀랄까 염려하여 중궁전으로 거처까지 옮겼다. 한 달 남짓 지나 어느 날 봉씨가 스스로 '낙태하였습니다'고 하면서 '형체를 이룬 단단한 것이 나왔는데 지금 이불 속에 있습니다'고 하였다. 늙은 여종에게 확인하게 했으나 이불 속에는 아무것도 없었다. 봉씨가 임신했다는 말은 거짓이었다.

또 지난해 세자가 종학宗學: 왕족의 교육을 담당했던 관서으로 거처를 옮겼을 때, 봉씨가 시녀들의 변소 벽 틈으로 외간 사람을 엿보았다. 또 궁궐 여종에게 항상 남자를 사모하는 노래를 부르게 했다. 또 일찍이 환관들의 무릎받침대, 주머니, 자루 등의 물건을 손수 만들어 주었는데, 이로 인하여 세자의 생일에 선물할 물건들을 미리 만들 여가가 없어서 지난해 생일에 이미 바쳤던 오래된 물건들을 새로 마련한 것처럼 속이고 바쳤다.

또 궁중에 쓰는 물건과 음식 중 남은 것을 덜어서 그 어머니의 집에 보내자고 청했다가 세자가 옳지 않다고 하자 자기가 먹다가 남은 음식을 그 어버이에게 보냈으므로 이를 금지시켰다. 그 뒤에는 세자에게 절대로 아뢰지 말라고 환관들을 경계시키고는 몰래 보내게 하였다. 그 아버지의 상을 당하고는 사사로이 당고모부 송기宋順에게 사람을 보내 그에게 노제路祭를 맡게 했다. 후에 송기가 제사에 참여한 족친의 성명을 기록하여 사사로이 봉씨를 만났다. 봉씨가 즉시 무릎받침대를 주어 사례했으나 모두 세자에게 아뢰지 않았다. 이처럼 온당치 못한 일이 상당히 많았다. 하지만 이때까지는 어리석은 부인이라 일의 대체를 알지 못한 것이라 여겨 내버려 두었다."

_ 세종 18년(1436, 병진) 10월 26일

여종을 사랑한 봉씨

임금이 말하였다.

"요사이 봉씨가 궁궐의 소쌍이란 여종을 사랑하여 항상 자기 곁을 떠나지 못하게 한다고 들었다. 궁인들이 서로 수군거렸다. '세자빈께서 소쌍과 항상 잠자리를 같이 한다.' 어느 날 소쌍이 궁궐에서 청소를 하고 있는데 세자가 갑자기 물었다. '네가 정말 세자빈과 같이 자느냐?' 소쌍이 깜짝 놀라서 대답했다. '그러하옵니다.' 그후에도 소쌍에 대한 말을 자주 들었다. 봉씨가 소쌍을 몹시 사랑하여 잠시라도 자기 곁을 떠나면 원망하고 성을 내며 말하였다. '나는 너를 매우 사랑하는데 너는 나를 사랑하지 않는구나.' 소쌍도 다른 사람에게 늘 말하였다. '빈께서 나를 너무 사랑하시니 나는 너무 무섭다.' 소쌍이 또 승휘 권씨의 사노비 단지를 좋아하여 함께 자기도 했다. 봉씨가 사노비 석가이를 시켜 항상 소쌍의 뒤를 따라다니게 하면서 단지와 어울리지 못하게 했다.

또 이 일에 앞서 봉씨가 새벽에 일어나면 항상 시중드는 여종들로 하여금 이불과 베개를 거두게 했는데 소쌍과 동침한 이후로는 시중드는 여종을 시키지 않고 자기 스스로 이불과 베개를 거두었다. 또 몰래 여종에게 그 이불을 세탁하게 하였다. 이런 일들이 궁중에서 자못 떠들썩한 까닭에 내가 중전과 함께 소쌍을 불러서 그 진상을 물었다. 소쌍이 말했다. '지난해 동짓날에 세자빈께서 다른 여종들은 모두 지게문 밖에 있게 하고 저만 불러 내전으로 들어오게 했습니다. 저에게 같이 자기를 요구하여 저는 사양했으나 세자빈께서 윽박지르므로 마지못하여 옷을 반쯤 벗고 병풍 안쪽에 들어갔습니다. 세자빈께서 저의 나머지 옷을 다 벗기고 강제로 들어와 눕게 하여 남녀가 교합하는 것처럼 서로 희롱하였습니다.'

시녀와 종비들이 서로 좋아하여 은밀히 동침한다는 이야기를 전에도 들은 적이 있다. 내 이런 일을 매우 미워하여 금령을 내려 엄하게 처벌하였다. 여관에게 감독하게 하여 이를 어기는 사람이 있으면 곤장 70대를 치게 했다. 그래도 어기는 자가 있으면 곤장 1백 대를 더 집행하게 하였다. 그런 후에야 이런 일들이 점차로 사라졌다.

한데 세자빈이 이처럼 음탕할 줄 어찌 생각이나 했겠는가? 세자빈을 불러서 이 사실을 물으니 말하였다. '소쌍이 단지와 더불어 항상 사랑하여 밤에 같이 잘 뿐 아니라 낮에도 목을 맞대고 혀를 빨았습니다. 이는 저들이 한 짓이지 저는 애초에 동침한 일이 없습니다.' 하지만 여러 가지 증거가 너무 명백한데 어찌 끝까지 숨길 수 있겠는가? 또 저들이 목을 맞대고 혀를 빨았던 일을 세자빈이 어찌 알 수 있었겠는가? 그 일을 보고 부러워하면 반드시 따라하게 되는 것이니 더더욱 의심할 여지가 없다. 또 시중드는 여종들에게 노래를 부르게 한 것과 변소 벽 틈으로 엿본 일 따위는 이미 다 자복하였다. 이런 일들은 모두 가벼우니 만약 소쌍의 사건만 아니라면 내버려 두어도 무방하다. 하지만 뒤에 소쌍과의 일이 있었으니 봉씨를 폐하지 않을 수 없다.

무릇 맏며느리 자리는 가볍지 않다. 이런 부덕함으로 어찌 종사를 받들고 한 나라의 국모로서 모범이 되겠는가? 그러나 봉씨를 폐하고 새로 세자빈을 세우는 일은 아주 중대한 일이다. 옛날 한나라 광무제와 당나라 현종은 모두 그 아내를 내쫓아서 후대의 비평을 면치 못했다. 지금 세자빈을 두 번이나 폐출한다면 사람들을 더욱 놀라게 할 것이므로 나는 이것을 어찌 처리해야 할지 모르겠다. 어제 안평대군과 임영대군으로 하여금 영의정 황희黃喜·우의정 노한盧閈·찬성 신개申槩를 불러서 의논하게 하였더니, 모두 말하였다. '마땅히 폐해야 할 것입니다.' 나도 거듭 이를 숙고해 보았다. 공자와 자사子思: 공자의 손자도 모두 그 아내를 내쫓았다. 어버이 앞에서 개를 꾸짖었다 하여 그 아내를 내쫓은 자도 있었다. 이는 진실로 소중히 여기는 바가 있기 때문일 것이다. 이제 대의로써 결단하여 봉씨를 폐하지 않을 수 없다.

경들은 이 일을 처음부터 끝까지 상세하게 알고 있으니 교지를 만들어 바치도록 하라. 옛날에 김씨를 폐할 때에는 내가 한창 젊고 의기가 날카로웠다. 김씨를 폐하고 새로운 빈을 세우는 중대한 일을 애매하게 처리해서는 안 된다고 여겨 그 일을 교서에 상세히 기록하였다. 하나 지금은 그렇게까지 할 필요가 없다. 봉씨가 궁궐의 여종과 동침한 일은 매우 추잡하므로 교지에 기록할 수는 없다. 우선 투기가 많고 아들이 없고 노래를 부른 네댓 가지 일을 잘못된 행위로 적시하고 세 대신과 의논하여 속히 교지를 지어 바치도록 하라."

신인손辛引孫이 권채權採와 더불어 임금의 뜻을 황희·노한·신개에게 전달하고 함께 교지의 초안을 바쳤다. 임금이 즉시 입직한 동지중추同知中樞 김맹성金孟誠으로 하여금 행향사行香使: 임금의 명령을 받고 종묘나 능에 향을 가지고 가서 분향하던 사신로 삼아 세자빈을 폐한 다고 종묘에 고하고 봉씨를 폐하여 서인으로 삼아 사가로 돌려보냈다.

_ 세종 18년(1436, 병진) 10월 26일

아들을 낳다 죽은 세번째 부인 권씨

세자빈 권씨가 동궁 자선당資善堂에서 원손元孫: 후일 단종을 낳았다. 도승지 조서강趙瑞康 등이 축하 인사를 올릴 때 임금이 말하였다.

"세자가 이미 장년이 되었는데도 후사가 없어서 매우 염려하였다. 이제 적손이 생겼으니 기쁘기 한량없구나."

영의정 황희가 집현전 부제학 이상을 거느리고 축하 인사를 올렸다.

임금이 의정부에 말했다.

"이제 원손이 생겼으니 중국처럼 즉시 대사면을 행하는 것이 마땅하다. 그러나 사면이라는 것은 군자에게 불행이요 소인에게는 다행인 까닭에 내가 오랫동안 시행하지 않았다. 원손이 태어난 것은 큰 경사이긴 하지만 세자가 태어났을 때만큼은 아니다. 우선 최근에 죄인을 석방한 예에 따라 유배형 이하로 결정된 자나 아직 형이 결정되지 않은 죄인들만 석방할까 했다. 그러나 도승지 조서강이 말하였다. '당나라 고종高宗 때 황손의 탄생으로 대사면을 행하고 연호를 고쳤습니다. 한 나라의 기쁜 경사가 이보다 더 큰 것이 없습니다. 대사면을 내리는 것이 마땅합니다.' 경들의 뜻은 어떠한가?"

모두 아뢰었다.

"우리나라에 이보다 더 큰 경사가 없으니 대사면을 내리는 것이 마땅합니다."

임금이 그대로 따라 근정전에 나아가 교서를 반포했다.

사면령의 내용은 다음과 같다.

"옛날의 제왕 중 후사를 잇는 것을 중하게 여기지 않는 이는 없었다. 『시경』의 「종사」螽斯편에서 여러 아들의 탄생을 노래했고 봉인封人이 아들 많은 것을 축복했으니 대개 이것은 종사의 근본이요, 나라의 경사이기 때문이다. 내가 부덕한 몸으로 외람되게 대통을 계승하였으니 종사를 잇고 계승하는 막중함을 어찌 감히 잊을 수 있으랴.

세자가 서른이 되었는데도 아직 적자를 얻지 못해 근심하던 차에 세자빈이 오늘 적손을 낳았다. 이것은 조종께서 덕을 쌓고 인을 행하심이 깊으셨고 또 하늘의 돌보심이 지극하기 때문이다. 신과 사람이 모두 기뻐할 일이요, 신하와 백성들이 다 같이 축하해야 할 일이다. 오늘 새벽 이전에 지은 대역죄, 모반謀反한 죄, 자손이 조부모나 부모를 살해했거나 때리고 욕한 죄, 처첩이 남편을 살해한 죄, 노비가 주인을 살해한 죄, 독약이나 저주로 살인한 죄, 강도죄를 제외하고, 이미 발각되었거나 안 됐거나, 이미 결정되었거나 안 됐거나 모두 용서하여 그 죄를 사면한다. 감히 이전의 일을 가지고 서로 고하는 자는 죄를 줄 것이다.

아아, 이미 많은 복을 받았으니 진실로 자손을 본 이 상서로움에 보답해야 할 것이다. 관대한 은택을 베풀어 이 큰 경사를 잊지 않으리라."

교지 반포가 끝나기도 전에 갑자기 근정전의 큰 촛대가 땅에
떨어졌다. 임금이 빨리 철거하라고 명하였다.

_ 세종 23년(1441, 신유) 7월 23일

세자빈 권씨가 졸卒하였다. 세자빈은 덕행이 뛰어나고 행동거지
가 모두 예법에 맞았으므로, 임금과 중전의 총애가 두터웠다. 원
손을 낳다가 병이 위독해져 임금이 하루 동안 두세 번이나 직접
문병을 갔다. 원손을 낳고 다음 날 세자빈이 죽으니 임금과 중전
이 매우 슬퍼하여 수라를 들지 않았다. 시종 중에 눈물을 흘리지
않은 자가 없었다.

_ 세종 23년(1441, 신유) 7월 24일

4-9. 왕의 슬픔

어머니의 죽음, 하늘에서 큰 비가 내리다

이날 저녁에 큰 비가 와서 여막에 물이 넘쳐 들어왔다. 임금이 옮기려 하지 않으니, 모든 대언이 함께 청하였다.

"바람과 비가 휘몰아치는데 여막이 좁습니다. 지존께서 누습함을 피하시지 않고 어찌 이런 곳에서 밤을 새려 하십니까? 하늘에 계신 대비의 영혼이 슬퍼하지 않으시겠습니까? 상왕께서도 들으시면 놀라 염려하실 것입니다. 그러면 효복孝服: 상복을 입는 기간을 길게 청하신 것도 이루지 못할까 염려되옵니다. 바라건대위로 자애로운 아버지를 생각하시고, 아래로 신민臣民의 바람을 좇아 부디 광연루 아래로 옮기소서."

임금이 말하였다.

"모후께서 병환이 드시니, 주야로 근심하고 두려워하며 쾌차

하시기만을 바랐다. 그러나 효험을 얻지 못하고 이에 이르니 이 몸이 죽고 사는 것을 감히 돌아볼 때가 아니다."

임금이 눈물을 흘리며 듣지 않았다. 대언 등이 울며 계속 청하니 광연루 아래로 자리를 옮겼고 다만 쑥대로 자리를 깔았다. 대언 등이 다시 울부짖으며 계속 청하니 이에 임금이 해진 병풍과 홑돗자리만을 깔았을 뿐이었다. 날이 밝으니 다시 여막으로 돌아갔다.

_ 세종 2년(1420, 경자) 7월 13일

사랑하는 맏딸의 죽음

예문제학藝文提學 윤회尹淮가 정소공주貞昭公主의 묘지명을 지었다. 묘지명은 이러하였다.

> 영락 22년 갑진 2월 경자일에 주상 전하의 맏딸이 병으로 돌아가셨으니, 이제 겨우 열세 살이다. 공주公主의 칭호를 주시고, 올해 4월에 고양현 북쪽 산리동 언덕에다 장사지내려 한다. 공주는 나면서부터 현숙하고 유순하였으며 용모와 자태가 단정하였다. 남달리 총명하고 슬기로웠는데 자라서는 의젓하여 말을 아꼈으며 기쁘고 노여운 기색을 드러내지 않

았다. 주상과 중전께서 몹시 사랑하셨으며 궁에 있는 사람들도 모두 공경하고 사모하였다. 정숙하고 화목한 것으로써 친척들 사이에 모범이 될 만했다. 불행히 혼인도 하기 전에 갑자기 주상과 중전께 큰 슬픔을 끼쳤으니 진실로 하늘의 뜻은 알 수 없구나. 아아, 슬프다.

명銘은 이러하였다.

아아, 슬프다. 공주여.
태중에서부터 가르침을 받들어
덕과 용모가 뛰어났으며,
행동을 삼가고 양친께 효도하였다.
하늘의 뜻이 멀고도 아득하여
갑자기 유명을 달리하였노라.
온 나라 사람들이 슬퍼하니
어찌 다함이 있으리오.
길한 땅을 골라
좋은 날을 택하였다.
땅이 단단하고 반듯하니
영원토록 편히 쉬소서.

_ 세종 6년(1424, 갑진) 3월 23일

정소공주의 담제禪祭: 3년의 상기(喪期)가 끝난 뒤 상주가 일상의 생활로 되돌아
감을 알리는 제례의식를 지냈다. 임금이 제문을 직접 지었다. 그 제문
은 이러하였다.

> 장수하는 것과 단명하는 것이 정해져 있으니, 이는 피할 수
> 없는 일이다. 하나 아비와 딸의 정이 어찌 변할 수 있겠는
> 가? 사랑하고 귀히 여기는 마음은 사람의 천성에서 나오는
> 것이니 어찌 죽었다고 하여 달라지겠는가?
> 아아, 네가 죽은 것이 갑진년세종 6년, 1424년이었는데 세월이
> 흐를수록 그리움이 더 커지는구나. 이제 담제일이 닥치니
> 내 마음이 더욱 슬프다. 어리고 고운 네 모습을 더 이상 볼
> 수 없겠구나.
> 이에 환관에게 명하여 내 마음을 써서 제문을 바치노라. 아
> 아, 제도에는 비록 제한이 있지만 정은 끝이 없다. 딸의 영
> 혼이여, 어둡지 않거든 와서 흠향하기를 바라노라.

_ 세종 8년(1426, 병오) 4월 12일

아끼는 다섯째 아들의 죽음

광평대군廣平大君 이여李璵가 졸하였다. 광평대군의 자字는 환지煥
之이고 호는 명성당明誠堂이니, 임금의 다섯째 아들이다. 홍희洪熙
원년세종 7년 5월에 태어나서, 선덕宣德 7년세종 14년 정월에 광평대
군에 봉하였다.

어릴 때부터 학문에 힘써서 『효경』, 『소학』, 사서삼경을 다 통
하고 『문선』文選, 이태백李太白·두자미杜子美·구양수歐陽修·소동파蘇
東坡의 문집들을 두루 보았다. 특히 『국어』國語와 『좌전』左傳에 정
통했으며, 음률音律과 산수算數에 이르기까지도 그 오묘한 이치
를 다 알았다. 글을 잘 짓고 글씨의 필법도 절묘했으며, 강한 활
을 당겨서 멀리 쏘고, 격구에도 능했다. 임금이 간의대簡儀臺: 천문
대를 만드는 일과 종친의 일을 총괄하라고 명하니 일의 체계를
세웠다. 임금이 무안군撫安君: 이방번의 후사가 없음을 안타깝게
여겨 양자로 보내 그 제사를 받들게 하였다.

광평대군이 창진瘡疹: 천연두을 앓았다. 임금이 몹시 근심하여
여러 방법으로 치료했으나 끝내 효과를 얻지 못하고 죽으니 나
이 20세였다. 임금과 중전이 매우 슬퍼하여 3일 동안 조회를 거
두었다. 광평대군은 성품과 도량이 너그럽고 넓으며 용모와 자
태가 아름다우며 총명하였다. 주상과 중전께 효도하고 공경하

였다. 비록 노복이나 사환일지라도 꾸짖지 않았으니 사람들이 모두 그를 사랑하였다. 시호諡號를 장의章懿라고 하니, 공경하고 삼가고 높고 밝음이 장章이고 온화하고 부드럽고 현명하고 착함이 의懿이다. 아들이 하나인데 이름이 이부李溥이다. 처음 광평대군의 병이 위독할 때 임금이 밤을 새워 주무시지 않았다. 광평대군이 끝내 죽으니 종일토록 수라를 들지 않았다. 도승지 이승손李承孫 등이 아뢰었다.

"성상께서 오랜 병환이 있으신데 애통하심이 도에 지나치십니다. 청컨대 수라를 드시옵소서."

임금이 말하였다.

"내 마땅히 그리하겠노라."

하지만 날이 저물어서야 죽만 조금 마실 뿐이었다.

_ 세종 26년(1444, 갑자) 12월 7일

연이은 아들의 죽음

평원대군平原大君 이임李琳이 졸하였다. 평원대군의 자는 진지珍之요, 호는 근행당謹行堂이며 세종의 일곱째 아들이다. 풍모가 훤칠하고 천성이 슬기로웠다. 13세에 평원대군에 봉해졌다. 정사년에 문묘文廟에 배알하고 종학宗學에 입학하였는데 이로부터 날마다 종학에 나아가서 배움에 힘써 게으르지 않았다. 경서를 깊이 연구하고 『시전』・『예기』・『대학연의』에 더욱 숙달하였다. 또 글을 잘 짓고 글씨가 신비한 경지에 이르렀으며 활쏘기와 말타기가 참으로 빼어났다.

홍역을 앓다가 화위당華韡堂에서 돌아가니 이때 19세였다. 임금과 중전이 몹시 슬퍼하여 수라를 들지 않고 조회와 저자^{시장}를 사흘 동안 정지하였다.

_ 세종 27년(1445, 을축) 1월 16일

연이은 슬픔으로 일을 할 수가 없구나

임금이 진양대군^{수양대군}으로 하여금 신개申槪, 하연河演, 권제權踶, 김종서金宗瑞에게 교지를 내렸다.

"살아서 선위禪位: 살아서 왕위를 물려줌한 경우는 요순 이후 수천 년 사이에 10여 임금에 지나지 않는다. 형편이 부득이해서 선위한 것도 있고 혹은 한가히 놀며 휴양하기를 즐겨서 선위하기도 했다. 모두 좋은 일은 아니다. 우리나라의 경우, 무인년^{정종 즉위}・경진년^{태종 즉위}・무술년^{세종 즉위}의 선위는 모두 변고로 인한 것이었다.

근래 물난리와 가뭄이 잇따르고 나 또한 지병이 있어 몸이 편치 않으며 두 아들을 연거푸 여의니 하늘이 돕지 않음이 분명하다. 병으로 인해 조회도 받지 못하고 또 이웃나라 사신들도 만나지 못하고 있다. 제향의 향축香祝도 몸소 전하지 못하고 구중궁궐 안에 깊이 있어서 모든 명을 환관을 통해 전하니 잘못되는 일이 많다. 임금의 자리에 있으면서 과연 이래서야 되겠는가? 이제 세자에게 왕위를 물려주어 정사를 다스리게 하고자 한다. 하지만 군사와 나라의 중대한 일은 내가 친히 결정할 것이다. 그러니 이는 역대의 선위와 비교할 것이 못 된다. 경들은 그리 알라."

신개 등이 깜짝 놀라 울면서 아뢰었다.

"전하께서 어찌 이런 말씀을 하십니까? 춘추가 한창 젊으시니 비록 환후가 있다 하더라도 총명이 줄지 않으셨고 생활이 보통과 다름없으십니다. 두 대군의 죽음은 하늘의 견책이 아닙니다. 수명의 길고 짧음은 본래 정해진 운수로서 어쩔 수 없는 것입니다. 지금 비록 환관이 명을 전할지라도 작은 일은 다 문서로 출납하고 큰일은 세자께서 승지들과 더불어 충분히 의논하여 아뢴 뒤에 시행합니다. 일에 조금도 실수가 없으니 무슨 문제가 있겠습니까?

전하께서 선위해서는 안 된다는 것을 잘 아시면서도 시행하려 하시니 신들은 전하의 뜻에 따라야 할지 잘 모르겠습니다. 태조 이후로 3대가 잇달아 선위하셨는데 이제 또 선위하려 하시니 중국 황실에서 듣게 되면, '조선의 가법이 이러하니 진실로 동방의 오랑캐로구나'라고 할 것입니다. 장차 무슨 말로 중국 황실에 보고하겠습니까? 중국에서 4대가 연이어 선위한 까닭을 물으면 또한 어떻게 대답하겠습니까? 무인년·경진년·무술년의 일은 모두 변고가 있어 변명할 말이 있지만 이번에는 그런 변고도 없는데 선위하는 것이 옳겠습니까? 원컨대 빨리 이 명을 거두셔서 밖으로 퍼지게 않게 하소서. 신들이 죽는 한이 있더라도 교지를 받들 수 없습니다."

임금이 그래도 강행하려 하니 신개 등이 끝끝내 불가함을 고집하여 한밤중이 되었다. 이튿날도 다시 불가함을 아뢰었다.

임금이 말하였다.

"앞으로의 일은 성인이라도 미리 알기 어려운 것이다. 뒷날 선위할지 안 할지는 아직 알 수 없으나 오늘은 우선 경들의 청을 따르겠다."

_ 세종 27년(1445, 을축) 1월 18일

중전의 죽음

임금이 승정원에 말하였다.

"중전이 병환이 났다. 세자가 여러 아들과 더불어 산천과 신사神祠·불당에 기도하겠다고 청하였다. 내가 그것을 허락하고 또한 사면령도 반포하고자 하는데 어떻겠는가?"

도승지 유의손柳義孫 등이 아뢰었다.

"이런 일에 기도를 올려 감응을 얻은 일이 있습니다. 최근에는 비와 햇볕이 때를 맞추지 못하여 해마다 실농했습니다. 백성들에게 아마도 원통하고 억울한 마음이 있는 듯하니 사면령을 반포하는 것도 좋습니다."

임금이 말하였다.

"일단 기도를 속히 행해야겠다. 사면령은 내가 다시 생각해 보겠다."

당장 내관을 나눠 보내 산천·신사·불당에 기도하게 하였다.

_ 세종 28년(1446, 병인) 3월 12일

중전의 병이 더 심해져 다시 중 80명을 시어소時御所: 임금이 임시로 거처하는 곳에 모아서 기도하게 하였다. 밤을 새워 정근하게 하고 세자가 팔을 향불로 태우고 여러 대군과 내관들도 다투어 서로 팔을 태웠다.* 중 일운一雲에게 홍단紅段 1필, 황견黃絹 3필, 세주細

---

* 연비(燃臂)를 말한다. 불교 의식 중 하나로 팔에 초의 심지를 올려놓고 불을 붙여 살을 태우는 의식이다.

紬 1필, 백면포白緜布 3필을 내려 주고 나머지 사람들에게도 각기

차등있게 내려 주었다.**

_ 세종 28년(1446, 병인) 3월 15일

** 세종과 대군들의 지극한 기도에도 불구하고 소헌왕후는 3월 24일 수양대군의 집에서 생을 마감했다.

4-10. 병에 시달리는 왕

비대한 왕

상왕태종이 일찍이 의정부와 육조에 명하였다.

"주상은 사냥을 좋아하지 않으니 몸이 비중하시다. 때때로 나와 함께 사냥하여 몸을 알맞게 조절해야 한다. 문과 무 어느 하나에 치우쳐서 다른 하나를 폐할 수 없다. 나는 장차 주상에게 무예를 가르치고자 한다."

_ 세종 즉위년(1418, 무술) 10월 9일

왕을 괴롭힌 종기

임금이 지신사 곽존중郭存中에게 명하여 이조판서 허조許稠, 예조참판 이명덕李明德 등을 불러 말하였다.

"최근에 내 왼쪽 겨드랑이 밑에 작은 종기가 났다. 아프지는 않으나 재계齋戒: 제사를 올리기 전에 심신을 깨끗이 하고 금기를 범하지 않도록 하는 일하는 데 전심할 수가 없다. 그러나 대상大祥: 태종이 돌아가신 지 두 돌 만에 지내는 제사은 큰일이므로 제사에 참예했다 돌아오고자 한다. 경들은 의논하여 아뢰라."

허조 등이 아뢰었다.

"무릇 종기는 기운을 쓰면 덧나는 것입니다. 이번 행차에 비록 말을 타지는 않으시지만 군대와 군마들의 기운이 어지러우니 절 하시고 제사를 마무리 하실 적에 반드시 통증이 생길 것입니다. 신들은 이 때문에 종기가 더욱 심해질까 염려됩니다. 비록 이번 대상에 친히 행차하지 않으시더라도 삭망제 전에 또 담제禫祭: 대상 다음에 지내는 제사가 있습니다."

임금이 윤허하지 않았다.

영의정 유정현柳廷顯, 좌의정 이원李原, 대제학大提學 변계량卞季良 등이 다시 아뢰었다.

"대체로 병은 조금 나았을 때 조심하지 않으면 더 심해지는 법입니다. 전하께서 조금 나은 것을 믿고 병을 참고서 행차하시면 큰일이 날 수도 있습니다. 친히 행차하시는 것을 그만두시기를 청합니다."

임금이 또 윤허하지 않았다.

"만약 내 병에 차도가 없었다면 어찌 행차하겠다고 우기겠는가?"

_ 세종 6년(1424, 갑진) 5월 9일

당뇨병 앓는 왕

대언들이 아뢰었다.

"일찍이 신들에게 갈증을 그치게 하는 약을 알아보라 명하셨습니다. 의원이 말하길 '먼저 음식으로 다스려야 할 것입니다. 흰 장닭, 누른 암꿩, 양고기 등은 모두 갈증을 그치게 합니다'라고 했는데 이것들은 구하기 어려운 것도 아닙니다. 닭은 해당 관청에서 날마다 돌아가며 바치게 하고, 꿩은 응패鷹牌: 매 사냥을 할 수 있는 패를 가진 자로 하여금 날마다 사냥해 바치게 하고, 양은 5~6일마다 한 마리씩 바치게 하소서."

임금이 말하였다.

"내 한 몸 보양하기를 어찌 이처럼 하겠는가? 닭은 이어낼 수 없고 꿩은 바치는 자가 있지만 양은 우리나라에서 나지 않으니 더욱 먹을 수 없다."

대언들이 또 아뢰었다.

"양은 새끼를 많이 치며 약용이니 우선 한 마리씩 바치게 하여 차도가 있는지 시험해 보기를 청합니다."

임금이 허락하지 않아 신하들이 강권하니 임금이 드디어 말하였다.

"알겠다. 내 이것으로 치료해 보겠다. 그러나 다시 내 명을 기다려라."

_ 세종 13년(1431, 신해) 3월 26일

고질병 앓는 왕

임금이 김종서金宗瑞를 불러들여 말하였다.

"경은 내가 풍질風疾: 신경의 탈로 생기는 병을 통틀어 이르는 말로 풍기, 풍증이라고도 함을 얻은 까닭을 알지 못할 것이다. 한창 더운 여름날 경복궁에 있을 때였다. 한낮이 되어 이층에 올라가 창문 앞에 누워 잠깐 잠이 들었다. 갑자기 두 어깨 사이가 찌르는 듯이 아팠는데 이튿날에는 회복되었다. 4~5일이 지나서 또 찌르는 듯이 아프고 밤을 지나니 약간 부었다. 그 뒤로부터 2~3일이나 6~7일마다 때없이 발작하여 지금까지 그치지 않아 묵은 병이 되었다. 서른 이전에 매던 띠가 모두 헐거워졌으니 이것으로 허리둘레가 줄어든 것을 알겠다. 내 나이 서른셋인데 귀밑머리가 갑자기 세었다. 곁에 있던 신하들이 놀라고 괴이하게 여겨 뽑고자 하기에 내가 말리며 '병이 많은 탓이니 뽑지 말라' 하였다. 나의 쇠함과 병이 전에 비하여 날마다 심해지니 경은 그런 줄을 알라."

_ 세종 13년(1431, 신해) 8월 18일

임금이 승정원에 말했다.

"지금 몸을 움직이고 말을 하면 찌르는 듯 아픈 것이 더욱 심해진다. 내가 2~3일 동안 말을 하지 않고 조리하겠으니, 그대들은 그렇게 알라."

_ 세종 24년(1442, 임술) 11월 12일

날로 심해지는 눈병

임금이 영의정 황희, 우의정 신개, 좌찬성 하연河演, 좌참찬 황보인皇甫仁, 예조판서 김종서, 도승지 조서강趙瑞康을 불러 말했다.

"내 눈병이 날로 심하여 친히 중요한 일을 결단하기 어려우니 세자로 하여금 모든 국사를 처결하게 하고자 한다."

황희 등이 아뢰었다.

"임금께서 비록 눈병을 앓으시지만 지금 연세가 한창이신데 어찌 갑자기 세자에게 모든 일을 대신 처결하게 하십니까? 온 나라 백성들이 실망할 뿐만 아니라 후세에도 모범이 되지 않습니다. 또 중국 황실이나 이웃나라가 이것을 듣는다면 어떻다고 하겠습니까? 신들은 옳지 못하다고 생각합니다."

임금이 말하였다.

"경들의 말이 이와 같으니 내 다시 말하지 않겠다."

임금이 조서강을 불러 말했다.

"옛글에 '문왕文王이 정사를 고심하고 부지런히 일하여 수명이 3년 줄었다'는 말이 있다. 어찌 정사를 고심하고 부지런히 일했다고 수명이 줄었겠는가? 그런데 후세의 아첨하는 자들이 이를 빙자하여 임금에게 이렇게 고한다. '지나치게 일하지 마십시오. 수명이 줄어듭니다.' 이것은 본받을 만한 말이 아니라고 생각했었다. 그런데 이 생각이 잘못되었음을 이제는 알겠다.

눈병을 앓은 지 벌써 10년이나 되었으며 최근 5년 동안은 더욱 심해졌다. 처음 병이 났을 때 이처럼 심해질 줄 모르고 잘 쉬지 않았던 것을 지금 와서 후회한다. 몇 해 전 온양온천에서 목욕하고 병이 조금 나았기에 당시에는 곧 완전히 나을 수 있을 것이라고 여겼다. 그런데 10월 이후로 또다시 그전처럼 눈병이 심해지니 이제 종묘에 친히 제사를 지내기도 어렵게 되었다. 문소전文昭殿: 태조와 태종의 위패를 모신 사당은 익숙한 곳이니 오르고 내리기가 어렵더라도 직접 제사를 지낼 수 있을 것이다. 그러나 종묘의 제사와 강무講武: 조선시대에 임금이 신하와 백성들을 모아 일정한 곳에서 함께 사냥하며 무예를 닦던 행사의 일은 이후로는 직접 행하기가 어려울 듯하다.

　어찌하여 대신들은 내 병이 이토록 심한 줄을 알지 못하는가? 정사를 보는 것을 줄이고 눈을 쉬게 하여 2~3년만 편안히 있다면 병이 나을 수도 있지 않겠는가? 태종께서 종묘의 제사를 지내고자 했는데 마침 눈이 내려 세자로 하여금 대신 지내게 한 사례가 있다. 한 집안의 가장에게 사고가 있을 때는 맏아들로 하여금 대신 제사 지내게 하는데, 하물며 세자는 나라의 왕세자이며 임금 다음 가는 자리이다. 종묘의 제사와 강무의 일 등을 세자로 하여금 대신하게 해도 무방할 것이다. 또 사대부를 만나 치국의 도를 익히는 것이 무엇이 해롭겠는가? 내가 이 뜻을 대신들에게 자세히 고하니 그들로 하여금 다 알게 하도록 하라."

_ 세종 24년(1442, 임술) 5월 3일

4-11. 온천과 약수로 병을 다스리다

온천을 숨기지 마라

임금이 이조吏曹: 문관의 선임·공훈·봉작 등의 일을 맡아 보던 중앙관청에 교지를 내렸다.

"온천물이 여러 가지 질병을 치료하는 데 자못 신비로운 효험이 있다. 내가 이를 구하는 것은 실로 백성을 위하는 것이지 옛 사람들이 신선을 구하는 뜻과는 다르다. 부평에 온천이 있다는 것을 온 나라 사람들이 알고 있어 그 고을 사람들이 숨길 수 없는데도 그 소재처를 정확히 밝히지 않고 있다. 여러 번 관리들을 보내 찾아보게 했으나 그 지방의 관리나 백성들이 나의 뜻을 받들지 않았다. 이것은 혹시라도 장래에 번거롭고 소요스러운 폐단이 있을까 염려해서 한 목소리로 숨기는 것이지만 내 뜻을 거스름이 매우 심하다.

앞으로 이전처럼 숨긴다면 고을의 명칭을 깎아 내려서 그 죄를 징계할 것이다.* 만일 다른 고을 사람이 온천의 소재지를 신고한 경우에는 영영 고을 명칭을 회복할 수 없을 것이다. 이런 뜻을 공문으로 보내어 널리 알리도록 하라."

_ 세종 20년(1438, 무오) 10월 4일

신조라는 중이 부평에 온천이 있다고 아뢰었다. 이사맹 등을 보내어 역군 2백 명을 데리고 땅을 파 보았으나 열흘이 지나도록 찾지 못하였다.

_ 세종 20년(1438, 무오) 10월 29일

약수에 매달리는 왕

어떤 사람이 아뢰었다.

"청주에 그 맛이 호초胡椒: 후추 맛과 같아 초수椒水: 초정리 탄산수라 이름하는 물이 있는데 모든 질병을 고칠 수 있다고 합니다. 목천현木川縣: 현 천안시과 전의현全義縣: 현 세종시에도 이러한 물이

---

* 세종은 부평부 관리들이 민폐를 우려해서 일부러 온천을 숨기고 있다고 생각하고 부평부를 '부평현'으로 강등시켜 버렸다. 이후 5년 동안 온천을 계속 찾았으나 결국은 포기하고 다시 부평부로 환원시킨다.

있다고 합니다."

임금이 이를 듣고 거둥하였다. 안질을 치료하고자 내섬시윤內
贍寺尹 김흔지金俒之를 보내어 행궁行宮: 임금이 궁궐 밖으로 행차할 때 임시
로 머물던 별궁을 세우게 했다. 이 물이 있음을 아뢴 자에게 목면木縣
10필을 하사하였다.

_ 세종 26년(1444, 갑자) 1월 27일

임금이 충청도 관찰사에게 명하였다.

"초수로 눈을 씻어 효험을 본 사람이 많다. 전에 행차하였을
때 따르던 자 중 그 물을 마시고 효험을 본 자도 있고 효험을 보
지 못한 자도 있었으며, 설사가 났으나 오래지 않아서 나은 자도
있다. 한데 전중추원사 윤번은 한 달 동안 마셨는데도 효험을 보
지 못했다고 하니 초수로 병을 치료할 수 있는지는 아직 확실히
알 수 없다. 그래도 지난번에 초수를 마셔서 병을 치료한 자가
한두 명이 아니니 아무개는 아무 병이 나았고 아무개는 아무 병
이 낫지 않았다는 것을 자세하게 조사하여 아뢰라."

_ 세종 26년(1444, 갑자) 6월 7일

임금이 눈병을 앓고 있는 이내은동과 김을생 등을 전의현의 초
수로 보내 그 효험을 시험하게 하였다. 또 그 고을에 명하여 그

들에게 옷을 하사하였다.

_ 세종 26년(1444, 갑자) 윤7월 22일

초수 배달 매뉴얼

임금이 충청도 관찰사 김조金銚와 경기도의 역참을 책임지는 찰
방察訪 이백견李伯堅에게 명하였다.

"지금 가는 내섬시윤 김흔지의 말을 듣고 그가 가지고 가는
사목을 살펴보라. 그리고 그와 함께 정성을 다하여 초수를 서울
로 올려 보내도록 조처하라.

하나. 각 역참에서 잘 달리는 말 두 필씩을 골라 전의의 초수
를 실어 보내는 것에만 쓰고 다른 일에 쓰지 말라.

하나. 부지런하고 사리를 알 만한 자를 두 명 택하여 초수를
감독하게 하라. 또 몸이 건장한 자 세 명을 정해 압직押直이라고
칭하고, 매일 감고監考: 하급관리 한 명과 압직 한 명이 돌아가며 초
수를 지키게 하라. 관청에서 이들에게 아침과 저녁 식사를 제공
하라.

하나. 초수를 운송하는 길에 있는 각 역참에서는 초수를 지키
는 세 명을 선정하라.

하나. 초수를 운송할 때 각 역참에서는 말 두 필과 압직 세 명

이 교대로 지키고 번갈아 휴식하게 하라.

하나. 당직하는 감고가 매일 해질녘에 초수를 사기그릇에 넣고 기운이 새지 않도록 봉합하고 서명하라. 그때의 시각과 이를 실은 역마의 이름을 적어서 압직에게 주고, 압직은 다음 역의 압직에게 전하라. 급히 운송하여 하룻밤 사이에 서울에 도착하게 하라. 만일 지체하는 일이 있으면 역참 담당자를 즉시 처벌하라.

하나. 초수 운송을 잘하고 못하는 것으로 역참 담당자 등을 경솔하게 옥에 가두지는 말라.

하나. 지금 보내는 사복시司僕寺: 말을 관리하는 관청의 말 여덟 필은 각 역참의 가난한 역마지기에게 나누어 주어 초수를 운송하게 하라."

_ 세종 26년(1444, 갑자) 7월 4일

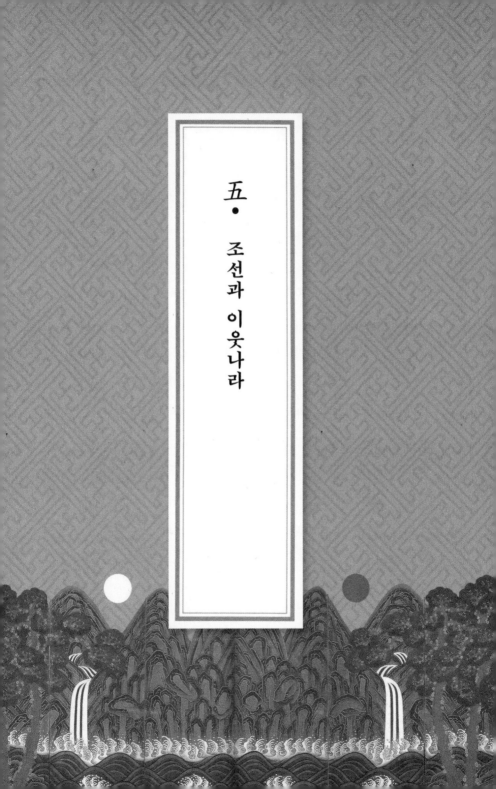

五. 조선과 이웃나라

5-1. 명나라에 쩔쩔매는 조선

임금이 영돈녕 유정현柳廷顯, 영의정 한상경韓尙敬을 불러 왕위를
물려받은 일을 중국에 어떻게 보고하면 좋을지 의논하였다.*

하지만 아직 결론을 내지 못하였다. 여러 신하들이 말하였다.

"상왕태종께서 풍병을 앓으시고 때때로 발작하셔서 어쩔 수
없이 세자 이도李祹가 대리로 국사를 보았다고 하면 될 것입니
다. 인장印章과 면복冕服은 감히 전하지 못하고 황제의 칙명을 기
다린다고 하는 것이 마땅합니다."

이원李原만이 홀로 이렇게 말하였다.

"금년 정월에 중국 사신이 왔을 때 상왕께서 무탈하신 것을
보았습니다. 그런데 지금 새로 임금 책봉을 청하면, 황제가 사신

---

* 조선은 명나라의 제후국이므로 왕이 즉위할 때나 대군을 왕세자로 책봉할 때 명나라
황제의 승인을 받아야 했다.

을 보낼 것입니다. 만일 상왕께서 조정에 나오시지 않는다면 의심할 것이고, 나오신다면 병환 중이 아님을 알 것입니다. 양녕을 세자에서 폐한 지가 얼마 되지 않았는데 갑자기 충녕대군에게 선위禪位한다고 하는 것은 사리에 맞지 않은 일입니다. 우선 병을 칭탁하여 먼저 선위를 청하는 것이 좋겠습니다. 황제가 이번에 윤허하지 않는다 하더라도 다시 청하면 그때는 허락하실 것입니다."

임금이 하연河演을 시켜 상왕에게 이 사연을 고하였다. 상왕이 하연을 박은朴訔의 집에 보내어 물었더니 박은의 의견도 이원의 의견과 같았다. 박은이 또 말하였다.

"개국 이후로 상왕께서 중국의 고명誥命을 받으시고 중국을 지성으로 섬겨 왔습니다. 지금 왕위를 주고받는 큰일을 우리 마음대로 할 수는 없습니다."

하연이 돌아와 박은의 이 말을 상왕께 아뢰니 상왕이 탄식하며 말하였다.

"내 등에 생긴 큰 종기가 더욱 심해져 선위하려고 한 것이다. 사리로 따져 보자면 이는 빨리 결정하기 어려운 일이니 좌의정과 우의정의 말도 옳다. 그러나 만약 황제께서 윤허하지 않으신다면 어떻게 수습할 것인가? 우리나라는 중국 영토 안에 있는 나라는 아니라서 예로부터 황제의 승인을 받고 선위하지는 않왔다. 그러니 왕위를 계승한 후에 주청을 하더라도 황제께서 노하지는 않을 것이다. 마땅히 여러 사람들의 의견을 따르도록 하라."

_ 세종 즉위년(1418, 무술) 8월 14일

명나라 사신 예겸倪謙과 사마순司馬恂이 북경으로 돌아가는 날이라 수양대군이 신하들을 거느리고 모화관慕華館: 중국 사신을 영접하던 곳에서 전송하였다. 이날 아침에 통역관이 사신에게 말했다.

"오늘 문무 백관이 모두 문 밖에서 대인을 전송할 것입니다. 왕자가 전하를 대신해서 전별 잔치를 베풀 것이니, 사신들은 편복便服: 평상복으로 오시면 안 될 것입니다."

사신이 말하였다.

"우리들은 먼 길을 떠날 사람이니, 비록 편복일지라도 무엇이 예의에 어긋나겠는가?"

사신들은 편복을 입고 왔다. 전별 잔치에서 술이 거나하게 취하자 두 사신이 서로 눈짓을 하며 수양대군에게 말하였다.

"전하의 병은 명나라에서도 모두 아는 바이지만, 세자의 병은 황주黃州: 황해도에 와서 처음 들었습니다. 만약 세자께서 직접 맞이할 수 없다는 것을 미리 알았다면 해를 넘기더라도 반드시 세자의 병이 낫기를 기다렸다가 들어왔을 것입니다. 그런데 세자는 황제의 조서만 겨우 맞이하고 그 뒤에는 한 번도 나와 보지 않았습니다. 세자께서는 제후국의 왕자이시니, 우리 같은 미관 말직의 사람들을 신경이나 쓰시겠습니까? 하지만 우리들을 가 볍게 여기는 것은 명나라 조정을 업신여기는 것이니 이는 교만 하고 오만한 것입니다."

수양대군이 말하였다.

"세자의 병이 진짜인지 거짓인지 두 대인이 직접 가서 확인해 보면 알 것이오."

예겸 등이 말하였다.

"병 들었는지 아닌지 굳이 확인할 필요가 있겠습니까?"

수양대군이 말하였다.

"병세가 지극히 위중하여 부득이 이렇게 된 것이오. 어찌 감 히 병들었다고 거짓을 말하겠소?"

사신이 말하였다.

"어두운 방 한구석에서도 부끄러움이 없어야 할 것[尚不愧于屋 漏]입니다."

수양대군이 세자의 몸 세 곳에 종기가 나서 움직이지 못한다 는 사실을 자세히 설명했다. 그제서야 사신들이 의심을 풀고 말 하였다.

"지금 대군의 말을 들으니 오해가 풀립니다."

수양대군이 돌아와 이 일을 임금께 아뢰었다. 임금이 몹시 놀라 예조참판 이변李邊과 도승지 이사철李思哲에게 명하여, 벽제역까지 쫓아가서 사신에게 고하게 하였다.

"두 대인의 말을 듣고 황공하여 어찌할 바를 모르겠소. 옛날에는 비록 요동지역의 지휘指揮나 천호千戶라 할지라도 칙서를 가지고 오면 내 반드시 친히 영접하여 예절을 다했소. 하물며 명나라에서 두 대인이 조서를 받들고 왔는데 어찌 감히 거짓으로 병을 칭탁하여 세자의 영접을 막았겠소? 만일 그렇다면 이는 하늘을 속이는 것이고 황제를 속이는 것이며, 또한 두 대인을 속이는 짓이오. 내 비록 덕이 없을지라도 임금의 자리에 있으면서 어찌 이처럼 간사한 일을 꾸미겠소? 원컨대 대인은 두목頭目 한 사람을 보내서 세자의 환부를 확인해 보시오. 그러면 알게 될 것이오. 만약 확인하지 않고 간다면 내 일생에 한이 될 것이오. 대인은 이를 가엾게 여겨주시오."

사신이 이변과 이사철에게 말하였다.

"처음에 의심이 생겨 말했는데, 이미 수양대군께서 자세히 설명해 주셨소. 또 두 분의 말을 듣고 의심이 모두 풀렸으니 무엇하러 두목을 보내겠소? 우리들이 괜한 말을 해서 전하께 걱정을 끼쳤나 봅니다."

이변과 이사철이 처음 벽제에 도착했을 때, 경기감사 박중림

朴仲林과 수원부사 이예손李禮孫이 술 마시기를 청하였다. 이변이 거절하며 말하였다.

"성상께서 지시하신 일이 아주 급박하오. 지금 조급한 마음으로 우리를 기다리고 계실 텐데 어찌 술을 마실 수 있겠소!"

사양하였는데, 이예손이 다시 청하였다. 이변이 화를 내며 말하였다.

"너는 참으로 신하의 도리를 알지 못하는 자다."

그리고 이사철과 이변이 말을 달려 돌아와 그 결과를 보고하였다. 과연 한밤중이 되었는데도 임금께서 주무시지 않고 기다리고 있었다. 이변은 성질이 굳세고 곧아서 비록 편협한 데가 있었지만, 의롭지 않은 일은 털끝만치도 하지 않았다. 사람들이 이를 아름답게 여겼다.

처음에 임금이 중국 사신이 온다는 말을 듣고 이사철과 이계전에게 명하여 원접사遠接使: 중국 사신을 멀리까지 나가 맞아들이던 임시직를 추천하라고 하였다. 이사철 등이 판서 윤형尹炯을 추천하였다. 이사철과 이계전이 사사로이 말하였다.

"지금 오는 중국 사신들은 모두 유림이고 글 잘하는 선비라 하니 원접사도 마땅히 글 잘하는 정인지鄭麟趾 같은 대신을 써야 한다."

이리저리 한참 생각하다가 또 서로 말하였다.

"윤형도 유학자다. 이미 정한 것이니 고치기 어렵다."

그렇게 결정을 하고 윤형이 갈 때 전하와 세자가 모두 병들어 나오지 못하고 수양대군이 대신 영접하게 된 까닭을 사목에 적어서 사신에게 꼭 전하라고 하였다. 그런데 윤형이 의주에서 사신을 맞이하면서 끝내 그 말을 전하지 못했다. 중국 사신이 황주까지 와서야 세자가 맞이하지 못한다는 정랑正郞 안자립安自立의 말을 듣고 성을 내었던 것이다. 원래는 원접사가 그대로 관반館伴: 사신의 접대 임무를 관장하는 임시직이 되는 것이 전례이지만, 윤형이 이렇게 큰 실수를 하였으므로 대신 정인지로 관반을 교체하고, 윤형의 죄는 묻지 않았다. 윤형이 비록 응대하는 재주는 없다 할지라도, 지위가 대신이니 일의 완급을 조절할 줄 알아야 한다. 그런데도 일을 이처럼 처리하여 중국 사신을 화나게 했고 그 욕됨이 임금에게까지 미쳤으니 잘못이 심하다. 이사철과 이계전 또한 처음에 원접사를 제대로 정하지 못한 것을 알면서도 바꾸자는 말을 하지 못하였다.

_ 세종 32년(1450, 경오) 윤1월 20일

5-2. 명나라가 조선에 요구한 것

여자를 보내라

명나라 사신 윤봉尹鳳이 황제의 명을 전하였다.

> 네가 조선의 왕에게 전하라. 나이 어린 여자를 선발해 두면
> 내년 봄에 사람을 보내어 데려오겠다. 그리고 음식을 만들
> 줄 아는 여종도 선발하여 보내라.

임금이 곧 중앙과 지방에 명을 내려 혼인을 중지하게 하고 진
헌색進獻色: 중국에 진헌할 물품을 마련하기 위해 임시로 둔 관청을 설치하였
다.

_ 세종 8년(1426, 병오) 3월 12일

임금이 명나라의 조정에 진헌할 창가녀唱歌女 여덟 명, 집찬녀執饌女: 반찬 만드는 여종 열한 명, 어린 환관 여섯 명에게 음식을 대접하도록 명하였다. 여인들은 모두 슬피 흐느낄 뿐 먹지 않았으며, 물러나올 때는 얼굴을 가리고 울었다. 부모와 친척들이 부축하여 데리고 나왔는데, 그 울음소리가 뜰에 가득하여 보는 사람들도 모두 눈물을 흘렸다.

처음에 임금이 근정전에 나아가 창가녀의 노래를 들었다. 한 여자가 이제 가면 다시 오지 못한다는 뜻을 노래했는데, 그 가사가 몹시 처량하고 원망스러웠으므로 임금이 슬퍼하였다.

_ 세종 11년(1429, 기유) 7월 18일

거세한 환관을 보내라

정사를 보았다. 임금이 판부사 허조에게 말하였다.

"황제의 성지聖旨: 황제의 명를 듣건대, 거세한 환관을 구한다고 한다. 우리나라 궁중에는 본래 거세한 환관이 없다. 이 일을 그대로 알리는 것이 어떠한가?"

허조가 아뢰었다.

"우리나라 궁중의 일은 떳떳하여 남에게 말하지 못할 것이 없습니다. 명나라에 알린다고 해서 무엇이 문제가 되겠습니까? 궁중에 있는 환관을 그대로 보내면 될 것입니다."

찬성贊成 권진權軫도 아뢰었다.

"우리나라에는 본래 거세한 환관이 없어서 중국의 말을 들어줄 수 없다고 해도 믿지 않을 것입니다. 그러니 보내지 않을 수도 없습니다."

임금이 말했다.

"그렇다."

_ 세종 10년(1428, 무신) 7월 13일

말과 소를 보내라

정조사正朝使: 새해를 맞이하여 중국으로 보내던 사신 **참판 한상덕韓尙德**이 북경에서 돌아와서 아뢰었다.

"명나라 환관 윤봉尹鳳이 황제의 성지를 전하기를, '말 5천 필을 금년 8~9월까지 북경으로 보내도록 하라. 칙서는 뒤에 조선으로 보낼 것이다. 먼저 말로 전하니 그리 알라'고 하였습니다."

_ 세종 9년(1427, 정미) 2월 19일

태평관에 거둥하여 전별연을 베풀었다. 임금이 사신 창성昌盛에게 말하였다.

"본국은 황량한 땅이라 본래 모든 물건이 풍성하지 못하고 더군다나 소는 많지가 않소. 특히 근년에는 수해와 가뭄으로 식량이 부족하여 굶어 죽는 백성들을 구제하기에도 넉넉지 못하니, 소를 기를 만한 여력이 있었겠소. 지금은 농사에 쓸 소도 부족하여 백성의 살림이 염려되는 실정이라오. 듣건대 황제께서 본국에 소 1만 마리를 바치라 하시니 마음이 실로 황망하오. 본국의 민가에 소가 있는 집은 열에 하나 정도이며, 그것도 한 마리에 지나지 않을 뿐이오. 온 나라에서 소를 모은다 하더라도 어찌 1만 마리를 얻을 수 있겠소. 대인께서 황제께 잘 아뢰어 감면해 주시길 바라오. 그리하여 황제의 은택이 우리 동방 백성들에게도 미쳤으면 하오."

사신 창성이 대답하였다

"전하께서 백성들의 어려움을 매우 염려하시어 이렇게 말씀하시니, 어찌 황제 폐하께 아뢰지 않겠습니까? 예전에도 제가 황제께 주달하여 금은 같은 귀한 물건도 즉시 감면받았는데, 하물며 소는 어떻겠습니까? 또 소를 바치는 것은 황제의 명이 아니고, 요동 사람들이 자기들에게 있는 물건으로 바꾸려고 요청한 것입니다. 지난번에 두 번이나 말을 바치게 한 것은 군대에 쓰려고 한 것이었으나 소는 조정에서 쓰는 것이 아닙니다. 전하께서는 염려하지 마시고 다만 마음을 다하여 해동청^{사냥용 매}만

잡아 바치시면 될 것입니다."

임금이 말하였다.

"우리나라의 생산물로 바칠 만한 것이라곤 해동청과 토표스라 소니만이 있을 뿐이오. 황제께서도 연이어 칙서를 내리시니 어찌 마음을 다하여 잡아서 바치지 않겠으며, 하늘과 땅, 해와 달이 굽어보고 있으니 어찌 이 마음을 다하지 않겠소. 그런데 지금 황제께서 친히 채포군採捕軍: 매 사냥꾼을 보내어 그물을 가지고 와서 해동청을 잡게 하신다고 들었소. 본국이 마음을 다하지 않는다고 생각하시어 이런 명을 내리신 것이 아닌지 매우 염려되오."

창성 등이 대답하였다.

"황제께 다른 뜻이 있어서 명한 것은 아니오니 전하께서는 의심하지 마소서."

_ 세종 13년(1427, 신해) 12월 13일

소 6천 마리를 여섯 번으로 나누어 요동으로 보냈다.

_ 세종 14년(1432, 임자) 7월 11일

사냥에 쓸 매를 보내라

임금이 지신사 정흠지鄭欽之에게 명하여 교지를 전하였다.

"몇해 전 사신 윤봉이 북경으로 돌아갈 때 내가 해동청을 잡아 바치겠다고 거리낌없이 말하였다. 그런데 지금 애를 쓰고 있는데 한 쌍도 구하지 못했으니 실로 염려된다. 흰 매 두 쌍이라도 올려 지극한 성심을 표하고자 한다. 한데 매가 희귀해서 쌍을 맞추기가 어려울 뿐만 아니라, 또 지금 매를 잡을 시기도 아니다. 중국에서 과인의 성의를 알아준다면 뜻을 이루는 것이지만, 그렇지 못하다면 바치지 않는 것만 못하다. 이를 어찌하면 좋겠는가?"

황희, 맹사성, 허조, 윤회 등이 아뢰었다.

"해동청은 구하기가 어렵습니다. 쉽게 얻을 수 있는 흰 매로 성심을 표하는 것도 또한 옳지만, 그 수가 적은 것이 유감스럽습니다."

정초와 신상 등이 아뢰었다.

"매를 바칠 시기가 아닌 것이 첫번째 문제요, 귀품貴品이 아닌 것이 두번째 문제요, 쌍을 맞추기 어려운 것이 세번째 문제입니다. 속담에 '흰 매는 오래 살지 못한다'고 했는데, 지금 바치는 것은 모두 흰 매이니 이것이 네번째 문제입니다. 진상하는 데 의미를 둔다면 큰 문제가 없다고 할 수 있지만, 만약 이 네 가지를 다 따져서 올리는 것이라면 본래 의도에 어긋날 듯합니다."

임금이 말하였다.

"경들의 말이 진실로 내 뜻과 같도다. 8~9월을 기다렸다가 많이 잡아서 바치겠다."

_ 세종 9년(1427, 정미) 2월 24일

진응사進鷹使: 중국에 매를 바치기 위하여 보내는 사신 상호군上護軍 이사검 李思儉이 북경에서 돌아와 아뢰었다.

"신이 황제의 조정에 나아가 무릎을 꿇고 죽은 해동청을 바치면서 아뢰었습니다. '우리 전하께서 지성으로 해동청을 구하셨습니다. 그러나 불행히도 북경 오는 길에 병들어 죽었습니다.'

황제께서 말씀하셨습니다. '죽었다니 하는 수 없지 않은가.'

사신 창성과 윤봉이 저를 접대할 때 신이 울면서 말했습니다. '우리 전하께서 지난해부터 지성으로 해동청을 구하셨습니다. 소신을 보내어 바치게 하셨는데, 오는 길에 병들어 죽었으니 조선으로 돌아가 무슨 면목으로 우리 전하를 뵙겠습니까?'

창성과 윤봉이 대답하였습니다. '울지 마시오. 우리가 황제께 잘 말씀드리겠소.'

신이 다시 '황색 매를 가져다 바치는 것이 어떻겠습니까?'라고 하니, 창성과 윤봉이 말하였습니다. '황제께서 늘 눈앞에 두실 것이오.'

또 황제께서'사람은 아프다고 말할 수 있어서 약이라도 먹는

다. 그런데도 병에 걸리면 낫기 어렵다. 하물며 말 못하는 짐승은 어떻겠느냐? 그대들은 근심하지 말라. 해동청은 본디 얻기 어려운 것이다. 다행히 구할 수 있으면 바치거라. 그 외의 다른 좋은 매도 또한 구한다면 보내도록 하라. 내가 노리개로 삼고자 한다'고 하셨습니다."

_ 세종 10년(1428, 무신) 2월 16일

사신이 매에게 먹일 비둘기 2백 마리를 요구하였다. 갑자기 마련할 수 없어서 지방의 관아에 명하여 바치게 하였다. 한 마리의 값이 무명 한 필에 해당하였다.

_ 세종 13년(1431, 신해) 8월 26일

5-3. 조선이 명나라에 청한 것

우리나라에 없는 서적과 약재를 구해오라

예조판서 신상申商이 아뢰었다.

"중국에 들어가서 무역하는 일에 대하여 전에 의논하여 아뢴 적이 있습니다. 하지만 중국에는 무역을 금지하는 법이 있어 의논한 대로 시행할 수 없을 것입니다."

임금이 말하였다.

"태종께서 일찍이 명나라 예부禮部에 자문咨文을 보내 서적을 구입할 것을 청하였다. 황제가 그것을 하사하라고 명하시고 책 값을 되돌려 보내셨다. 무역을 금지한 법은 우리나라 때문에 만들어진 것은 아니지만, 우리 역시 매매하지 않는 것이 좋겠다. 다만 서적과 약재 등은 구입하지 않을 수 없다. 사서四書·오경五經과 같은 책은 우리나라에서도 간행하고 있고 그 밖의 잡서도 반드시 구해 올 필요는 없다. 다만 우리나라에서 생산되지 않는 약재는 구입하지 않을 수 없다. 만약 자문을 보내어 번번이 구입하려고 하면 번거로워할 것이다. 가끔씩이라도 무역을 이어가지 않는다면 앞으로 어디에서 구할 수 있겠는가? 사신 행차 때마다 포목布木을 조금씩 가지고 가서 매매하는 것은 크게 번거롭지 않을 것이다. 또 요동에서의 무역은 가능하니, 경들은 그것을 다시 의논하여 아뢰라."

_ 세종 14년(1432, 임자) 5월 18일

형조참판 남지南智를 북경에 보내 성절聖節: 황제의 탄신을 경축하는 명절을 하례하게 하였다. 임금이 왕세자와 여러 신하들을 거느리고 경복궁에서 표문表文: 황제께 올리는 글에 배례하였다.

표문을 올려 호삼성胡三省이 주석한 『자치통감』資治通鑑, 조완벽趙完璧의 『원위』源委, 김이상金履祥의 『통감전편』通鑑前編, 진경陳桱의 『역대필기』歷代筆記, 승상丞相 탈탈脫脫의 『송사』宋史 등의 서적을 청하였다.

종사관從事官의 사목은 이러하였다.

"하나. 『사서대전』四書大全·『오경대전』五經大全이 명나라에서 편찬된 지 오래되었으나 조선에서는 알지 못하였다. 경자년세종 2년, 1420년에 경녕군敬寧君: 태종의 제1서자이 북경에 갔을 때에야 비로

소 그 서책을 받을 수 있었다. 그후에 황제께서 여러 번 내려 주시어 열람하니 그 내용이 아주 상세하게 다 갖추어져 있어서 실로 부족한 것이 없었다. 이것을 보건대 명나라 조정에서 편찬한 경서와 역사책들이 많은데 아직 조선에 전해지지 않았을 뿐임을 알겠다. 그대들은 책에 대해 자세히 물어보도록 하라. 살 수 있다면 꼭 사야 할 것이다.

하나. 지금 청한 호삼성의 『자치통감』과 조완벽의 『원위』, 김이상의 『통감전편』, 진경의 『역대필기』 등의 서적을 만약 황제께서 내려 주신다면, 사사로이 살 수는 없을 것이다. 또한 명 예부에서 이는 황실에도 없는 책이라고 한다면 대놓고 구해서도 안 될 것이다.

하나. 이학理學으로는 『오경대전』·『사서대전』·『성리대전』性理大全이 있는데, 이 책들은 심오한 이치를 남김없이 수록한 것이다. 사학史學으로는 후세 사람들이 찬술한 것이 그 풀이가 해박하여 이전에 나온 책보다 더 나을 것이다. 만약 학자들에게 이익이 될 만한데 우리나라에 없는 책이라면 구매하라. 『강목서법』綱目書法과 『국어』國語 또한 구매해야 할 것이다. 무릇 책을 구매할 때는 반드시 두 질을 사서 빠진 것에 대비하도록 하라.

하나. 북경에 만약 『성리대전』의 판본이 있으면 종이와 먹을 준비해서 개인적으로 인쇄할 수 있는가 없는가를 물어봐야 할 것이다.

하나. 지난번에 전하기를, '이미 찬술된 『영락대전』永樂大全은 권질卷帙이 너무 많아서 간행하지 못했다'고 했다. 지금 간행되었는지 안 되었는지를 물어보도록 하라. 책의 내용도 또한 자세히 물어봐야 할 것이다.

하나. 우리의 옛 활자는 밀랍을 사용해서 인쇄하는 데 품이 많이 들었다. 새로 만든 활자는 네 모퉁이가 평평하고 바르다. 조선의 활자는 이렇게 두 가지인데, 중국의 활자와 활자체 그리고 찍는 방법은 어떠한지 자세히 물어 알아오도록 하라."

_ 세종 17년(1435, 을묘) 8월 24일

5-4. 진상 사신들

임금이 조선 출신의 명나라 사신 황엄黃儼에게 모시와 삼베 각
20필, 남자저고리 1습襲, 담비모피로 만든 겉옷, 담비꼬리로 만
든 관冠, 무릎보호대, 목화솜으로 만든 옷 각 한 벌, 인삼 30근,
만화석滿花席: 꽃무늬 돗자리 6장, 만화침석滿花寢席 6장, 석제 등잔 하
나, 염주 주머니 하나, 두꺼운 종이 6백 장, 차 3말, 교기交綺: 무늬
를 넣어 짠 비단 2필, 가는 명주와 면포 각 3필을 보내 주었다.

사신 왕현王賢에게는 모시와 삼베 각 10필, 남자저고리 1습,
돈피 갖옷, 돈피 관, 무릎보호대, 목화솜옷 각 한 벌, 인삼 15근,
만화석 4장, 만화침석 2장, 석제 등잔 하나, 염주 주머니 하나, 차
1말을 보내 주었다.

황엄의 두목頭目: 중국 국사(國使) 일행 중 무역을 목적으로 하여 따라온 북경
상인(商人)을 일컫는 말 여덟 사람에게는 모시와 삼베 각 4필, 남자저
고리, 모관毛冠, 목화솜옷 각 1벌을 보내주었고, 숙수廚子: 음식 만드

는 신하 두 사람에게는 따로 삼베 2필을 보내 주었으며, 왕현의 두 목 두 사람에게는 각각 삼베 두 필과 옷·관·목화솜옷 1벌씩을 보내 주었다.

당시 이미 보내 준 물건들과 식품들이 매우 많았으나, 황엄은 그래도 더 달라고 하였다. 임금이 그의 마음에 맞춰 주려고 그가 달라는 물건을 모두 보내 주라고 명하였다.

_ 세종 1년(1419, 기해) 9월 16일

사신 해수海壽가 관에서 타는 말을 보고 제조 조비형曹備衡에게 말하였다.

"이 말을 타면 두 발이 땅에 닿겠다."

조비형이 말하였다.

"조선에는 큰 말이 나지 않습니다."

사신 해수가 말하였다.

"재상들이 타는 말을 보면 조선에 어찌 준마가 없다고 하겠는가? 마땅히 준마를 뽑아서 가져오도록 하라."

_ 세종 3년(1421, 신축) 9월 26일

정사를 보았다. 임금이 말하였다.

"일찍이 듣건대, 사신 황엄은 욕심나는 대로 요구해서 사람들이 모두 그를 탐욕스럽다고 했다. 그러나 황엄은 사람들이 욕하는 것을 알고 욕심껏 다 요구하지는 않았다고 한다. 그런데 지금 사신 창성은 거리낌 없이 욕심껏 요구하고 있다. 이로 인해 우리 조정의 담당관들이 알아서 바치는 것이 너무 많다. 먼저 청한 것을 받기도 전에 또다시 새로운 물건을 청하고 있는 실정이다.

어제는 서피鼠皮와 백지白紙를 받고서도 또 녹피鹿皮 1백 장을 요구했다. 이러한 기세로 보건대 구하기 어려운 물건도 또 요구할 것이니 머지않아 그 요구를 모두 들어주기 어려워질 것이다. 명목은 처녀와 매와 개를 구하기 위해서 온 것이지만, 실상은 자신의 잇속을 챙기기 위해 온 것이다. 탐내고 욕심 부리는 것이 윤봉보다 훨씬 심하다. 지금 그가 요구하는 사슴가죽 1백 장을 주는 것이 옳겠는가?"

우의정 맹사성이 아뢰었다.

"지금까지 창성이 요구하는 물건은 주지 않은 것이 없었습니다. 그런데 이제 와서 들어주지 않으면 노여워할 것입니다. 우선 열 장만 주도록 하소서."

임금이 또 말하였다.

"이 사람은 처음 올 때에, '조선에 길어야 하루이틀 머물면서 매와 개만 가지고 바로 요동으로 돌아가겠다'라고 말했다. 그런데 우리나라에 온 뒤로는 사사로이 욕심껏 무역을 하고 있다. 매와 개가 이미 발정이 났는데도 가려고 하지 않으며, 황제께 올리는 주본奏本에 돌아갈 날짜를 한참 뒤로 써 넣었다. 무역을 다 했는데도 아직도 머물고 있다. 윗사람을 속이고 사사로이 이익을 취하니 이 같은 자가 없을 것이다. 이 자는 본래 무식하고 파렴치하니 매우 비루한 자다."

좌의정 황희가 아뢰었다.

"사신 창성이 올 때에 황제가 상사품賞賜品으로 보내 온 궤는 여섯 개뿐인데, 자기의 궤는 1백여 개나 되었습니다. 사람들이 황엄을 보고 탐욕스럽다고 했어도 그가 사사로이 가지고 온 궤는 많아야 30, 40개에 지나지 않았습니다. 이제 창성의 궤는 황엄보다 몇 배가 되니, 사신으로서 이처럼 이익을 탐하는 자는 다시 없을 것입니다."

_ 세종 10년(1428, 무신) 8월 7일

5-5. 여동생 팔아 출세한 오라버니

사신 황엄이 한확韓確, 유천劉泉 등과 함께 황제의 부절符節: 돌이나 대나무, 옥으로 만든 표시과 고서誥書를 받들고 와서 황제의 명을 전하였다. 이에 임금이 잔치를 베풀어 사신을 위로하고 안장 갖춘 말과 의복을 선사하였다. 그 자리에서 임금이 강권하여 한확을 자리에 앉게 하니 한확이 "감히 그럴 수 없다"고 사양하였다.

한확은 조선 사람인데, 그 누이가 황제의 후궁으로 뽑혀 들어가서 총애를 받고 있었다. 그런 이유로 황제가 한확을 대접하기 위해 북경으로 불러들였고, 고명을 주어 돌려보낸 것이었다.

_ 세종 1년(1419 기해) 1월 19일

헌납 윤맹겸尹孟謙 등이 아뢰었다.

"장군절제사 한확이 김성정 첩의 딸과 간통하였으니 논핵하기를 청합니다."

임금이 장군절제사를 교체하고, 한확은 서울로 돌아오게 하였다. 한확과 간통한 여인은 일찍이 궁궐에 시녀로 있다가 부모의 집으로 돌아갔다. 한확이 그 여인과 간통하다가 어미에게 발각되어 고소당한 것이다. 사헌부에서 한확을 논죄하기를 청하였으나, 임금이 허락하지 않으면서 말하였다.

"이 사람은 죄줄 수 없다."

_ 세종 7년(1425, 을사) 9월 28일

처녀 한씨는 한영정韓永矴: 한확의 아버지의 막내딸이다. 맏딸은 명나라 황실에 뽑혀 들어갔다가 태종 황제가 죽을 때 함께 순장되었다. 사신 창성과 윤봉이 그 집의 막내딸도 아름답다고 아뢰어 이번에 뽑혀 가게 되었다. 이에 막내딸 한씨가 병이 났다. 오라비 한확이 약을 주니 한씨가 먹지 않으며 말하였다.

"이미 누이 하나를 팔아서 부귀가 극진한데 무엇을 위하여 약을 쓰려고 하시오?"

혼수로 쓰려고 마련해 두었던 침구를 칼로 찢어 버리고 모아두었던 패물을 친척들에게 다 나누어 주었다.

_ 세종 9년(1427, 정미) 5월 1일

세 사신이 한씨와 어린 환관들을 인솔하고서 해동청 한 마리와 석등잔석 열 개를 가지고 돌아가니, 임금이 모화루에서 전별연을 베풀어 보냈다. 진헌사 총제 조종생과 한씨의 오라비 한확이 함께 갔다. 도성 안 사람들이 한씨의 행차를 보고 탄식하여 말하였다.

"맏언니 한씨가 영락궁인永樂宮人이 되었다가 순장당한 것만도 애석한 일인데, 막내동생마저 이렇게 가는구나."

이때 사람들이 한씨를 산송장이라고 하였다.

_ 세종 10년(1428, 무신) 10월 4일

명나라에 갔던 한확이 돌아왔다. 이전에 뽑혀 간 어린 환관이 어머니에게 명주를 보냈고 일곱 명의 여자들은 서신을 보냈다. 그들이 보낸 겹주머니에 서신과 머리카락이 들어 있었다. 서신에 모두 고생스럽게 생활한다고 적혀 있었다. 어버이와 형제들이 이를 보고 눈물을 흘리며 말하였다.

"평생 이 머리카락밖에 볼 수가 없겠구나."

주변 사람이 모두 얼굴을 가리고 울며 크게 한숨을 지었다.

_ 세종 11년(1429, 기유) 4월 12일

5-6. 파저강 전투*

평안도 감사가 급히 알렸다.

"야인野人** 4백여 명이 말을 타고 쳐들어 왔습니다. 여연閭延:

평안북도의 경내까지 들어와 백성들과 물건을 노략질해 갔습니

다. 강계江界 절제사 박초朴礎가 군사를 거느리고 그들을 추격하

여 붙들려 가던 사람 26명과 말 30필, 소 50마리를 도로 빼앗아

* 세종 15년(1433) 파저강 일대의 야인들을 정벌하여 크게 승리한 전투. 세종 초기 여진
족의 추장이었던 이만주가 명나라의 승인을 받고 압록강의 지류였던 파저강 일대로
이주해 왔다. 이들은 조선의 강계·여연 등지를 자주 침입해 사람과 마소, 재산 등을 살
상하고 약탈하였다. 1432년(세종 14년) 12월 야인 400여 명이 말을 타고 평안도 여연 지
역을 침입해 조선에 상당한 피해를 입힌 사건이 벌어진다. 1433년 3월 세종은 정벌군
의 규모를 15,000명으로 정하고 최윤덕에게 병력을 인솔하고 출병할 것을 지시했다.
최윤덕은 이들을 다시 7개의 부대로 나누어 4월 19일 파저강 정벌을 단행했다. 이후 세
종은 김종서를 함길도 관찰사로 임명하여 사민정책 등을 펼치면서 6진을 개척하고 조
선의 국경을 확정하였다.
** 조선 초기에서 중기에 걸쳐 압록강과 두만강 이북에 살던 여진족의 통칭. 사는 지역
에 따라 홀라온, 오도리, 호리개호 등으로 불렸으며 대개 유목과 사냥을 하며 살았다.

왔습니다. 우리나라 전사자는 13명이고, 적의 화살에 맞아 부상당한 자는 25명이나 되는데, 마침 날이 저물어 끝까지 추격하지 못했습니다."

임금이 크게 노하여 곧 황희, 맹사성, 권진權軫, 병조판서 최사강崔士康 등을 불러 의논하였다.

"야인이 분심을 낸 것은 다른 게 아니다. 그들이 약탈한 백성들이 우리나라 국경 안으로 도망해 왔을 때, 우리 백성이면 자기 고향으로 돌려보내고 중국 사람이면 즉시 중국으로 돌려보냈던 까닭에 원한을 품어 지금 변란을 일으킨 것이다. 우리나라에서 그 자들을 끝까지 추격하지 못한 것은 중국의 국경을 마음대로 넘어갈 수 없기 때문이니, 이러한 뜻을 갖추어 황제께 아뢰는 것이 어떠한가?"

황희, 조말생, 최사강 등이 아뢰었다.

"야인들이 침략했을 때 우리 군사가 중국 땅까지 쫓아 들어가는 것은 방어하기 위한 것입니다. 사대하는 의리에는 해로운 것이 없는데, 황제께서 어찌 허물하시겠습니까? 오늘날 중국은 우리를 후하게 대우합니다. 군사를 일으켜 국경에 들어가는 것까지 미리 황제께 보고할 필요는 없습니다. 또한 야인들은 인면수심이라 그들의 마음을 미리 살필 수 없습니다. 그러니 그들 종족을 소탕하는 것은 불가능한 일입니다. 오랑캐를 다루는 계책은 옛 성현이 이미 상세히 말씀하였습니다."

맹사성과 권진 등이 아뢰었다.

"주상의 말씀대로 황제께 먼저 아뢰는 것이 좋겠습니다."

_ 세종 14년(1433 임자) 12월 9일

파저강 전투의 그날

최윤덕崔閏德이 말하였다.

"돌아오는 19일, 우리는 적의 소굴을 공격할 것이다. 만일 비바람이 치고 날이 어두우면 20일에 공격한다."

장수들이 서로 절하고 헤어졌다. 최윤덕이 소탄所灘 아래 시번동時番洞 어귀에서 강을 건너 주둔하고 있었는데 들노루 네 마리가 군영 안으로 들어와 군사들이 잡았다. 최윤덕이 말하였다.

"내가 듣기로 주나라 무왕이 폭군 주紂를 치려고 황하를 지날때에 흰 물고기가 왕의 배에 들어오자 사람들이 '흰 것은 상나라의 빛깔인데 이제 왕의 배에 들어오니, 이는 상나라 사람이 주나라로 돌아올 징조'라 했다 한다. 지금 노루는 들짐승인데 스스로 와서 잡혔으니, 이는 야인野人이 죽음을 당할 징조이다."

어허魚虛 강가에 이르러 군사 6백 명을 머무르게 하고 목책을 설치하였다. 19일 동틀 무렵에 야인 장수 임합라林哈剌의 요새에 이르러 주둔했다. 적의 마을과 심타납노^{沈吒納奴}의 요새가 모두 무너져서 아무도 없었다. 강가에 적군 세 명이 모습을 먼저 드러 내고 이후에 7~8명씩, 혹은 10여 명씩 모습을 드러내며 활을 쏘 았다. 최윤덕이 통역관 마변자^{馬邊者}·마연대^{馬淵大} 등에게 시켜 큰 소리로 말하게 했다.

"우리가 군사를 거느리고 온 것은 너희들 때문이 아니라 홀라 온_{조선과 밀접한 관계를 맺은 송화강 하류 일대의 올적합(兀狄哈) 계열의 여진족} 때 문이다. 그러니 너희들의 요새는 공격하지 않을 것이다. 너희들 은 이것을 알라."

적들이 말에서 내려 손을 모아 절을 했다.

이날 싸울 때에 우리 쪽 하늘에 명주 한 필 길이의 구름이 뻗 어 있었다. 20일에 홍사석의 군마가 도착하여 최윤덕과 합동작 전을 펼쳤다. 홍사석의 군사가 적군 31명을 생포하였다. 적이 뒤에서 쫓아와 공격하니, 도망가는 것처럼 속여 마침내는 적군 26명을 베고 다만 5명이 남았다.

타납노^{吒納奴} 요새로부터 합라^{哈剌}의 요새에 이르기까지 산위 에는 좌군^{左軍}이, 냇가에는 우군^{右軍}이, 중앙에는 중군^{中軍}이 종일 토록 수색하였다. 석문^{石門}으로 물러나와 진을 치고, 녹각성^{鹿角} ^{城: 적의 침입을 막기 위하여 짧은 나무를 비스듬히 박거나 십자 모양으로 울타리처럼} _{만들어 놓은 방어물}을 설치하였다. 지자산군사^{知慈山郡事} 조복명^{趙復明}

과 지재령군사知載寧郡事 김잉金仍 등으로 하여금 군사 1천 4백 명을 거느리게 하고 포로들을 시켜 먼저 와 길을 닦게 하였다. 이 때 들판의 풀이 모두 불타 버려 말이 여위었다. 갑자기 큰 비가 내렸다. 최윤덕이 근심하여 하늘을 우러러 손을 모아 아뢰었다.

"하늘이시여, 이 놈들은 우리 변경을 침략하여 여러 해 동안 흉하고 악한 짓을 많이 했습니다. 홀라온 등을 끌어들여서 변경을 침범하여 가옥을 불태우고 백성들을 죽인 자들입니다. 이제 제가 왕명을 받아 군사를 거느리고 그 죄를 묻고자 합니다. 지금 저 죄 있는 자를 용서하고 무고한 우리를 괴롭히시고자 하십니까? 아, 하늘이시여, 저희의 죄가 도대체 무엇입니까?"

최윤덕이 고하기를 마치고 우니 마침내 비가 그쳤다.

홍사석·최숙손·마변자 등으로 하여금 군사 1천 5백 명을 거느리고 각 마을을 다시 수색하게 하였다. 타납노의 요새에 이르러도 사람이 없으므로, 회유하는 글을 걸어 두고 왔다. 이때 김효성도 군사를 거느리고 와서 모였다.

최윤덕이 승전 후 허물 있는 군사들을 탄핵하였다. 헌괵獻馘: 적을 죽이고 그들의 머리나 왼쪽 귀를 베어 임금에게 바치는 의식하지 않고 또 명령을 기다리지 않고 먼저 간 이순몽, 군사가 모이는 기한에 맞춰 도착하지 못한 최해산, 명령을 기다리지 않고 먼저 간 이징석 등이었다.

선위사宣慰使 박신생朴信生이 술을 하사하고 임금의 명을 전하였다.

"오늘의 일은 실로 천지와 선대 왕의 덕에 힘입은 것이니 내가 이룬 공적이 아니다. 우리 군사들이 돌아간 후에는 반드시 적들의 보복이 있을 것이니 군사를 정비하여 강 인근을 더욱 철저히 수비하라."

_ 세종 15년(1433, 계축) 5월 7일

5-7. 팔뚝을 끊어 부역을 피하다

임금이 경상도 개령읍^{開寧邑}의 한 아전이 팔뚝을 끊어 스스로 불구가 되어 함길도에 가는 것을 피하려 했다는 말을 듣고, 승정원에 명하였다.

"역사를 상고해 보면 자기의 신체를 훼손하여 부역을 피한 자가 예전에도 많았다. 하지만 지금 이 사람의 일을 들으니 심히 측은하다. 함경도, 평안도, 황해도로 이주하거나 부역하러 가는 백성들이 지나갈 때, 각 고을에서 마음을 다하여 구휼하라. 하여 그들이 배고픔과 추위에 이르지 않도록 하라."

_ 세종 19년(1437, 정사) 1월 4일

우의정 신개^{申槩}가 아뢰었다.

"지금 함길도와 평안도의 변경에 병사를 파견할 때 그 폐단이 매우 큽니다. 그런데 입보入保: 적이 침입하면 보(堡) 안에 들어와 보호를 받는 것하는 폐단은 더욱 더 큽니다. 변경으로 병사를 파견하는 폐단은 양식을 준비해야 하는 수고와 말이 죽을 수 있는 정도의 문제가 있을 뿐입니다. 하지만 입보에는 그보다 더한 어려움이 다섯 가지나 있습니다.

백성들은 사는 집이 튼튼하고 쓰는 기구가 고루 갖추어져야 안심하고 생업에 종사할 수 있습니다. 하지만 입보했다가 7~8 개월이나 보내고 돌아오면, 자기 집이 나그네들의 땔감으로 쓰였거나 들불로 타 버려 비바람도 피할 수 없는 폐가가 되어 버립니다. 집안 살림도 모두 다 없어져 해마다 다시 마련해야 하니, 이것이 입보의 첫번째 폐단입니다.

가을걷이를 할 무렵에 입보하라는 명이 내려오니, 채 익지 않은 벼를 타작해서 땅에 묻어야 합니다. 그런데 파묻은 곡식은 썩거나 도둑을 맞게 되고, 채 거두지 못한 곡식은 풀어 놓은 말이나 산야의 짐승이 다 먹어 버립니다. 또 급박하게 입보하게 되니 양식을 많이 가져가지도 못합니다. 변경에 들어가면 바깥 출입이 어려워 겨우 미음이나 죽으로 겨울을 나니 간신히 목숨만 부지할 뿐입니다. 게다가 길쌈을 못해 입을 옷이 없어 대개가 헐벗은 채 살아가니, 이것이 입보의 두번째 폐단입니다.

또 농사철에 갑자기 변란이 일어났다는 소식이 전해지면, 사실을 불문하고 독촉해서 입보하게 됩니다. 곡식과 채소, 과일 농사의 때를 놓쳐 가을에 거둘 것이 없게 되니, 이것이 입보의 세 번째 폐단입니다.

파견된 군사와 입보한 백성들이 모두 한 성안에 거처하므로 서로 문란하게 되니, 이것이 입보의 네번째 폐단입니다.

성과 보堡 근처에는 나무가 많지만 풀이 적어서 소와 말이 굶 주립니다. 또 눈이나 서리가 내려도 마굿간이 없어서 소와 말이 노숙하게 되는데 봄까지 살지 못하고 얼어 죽습니다. 밭갈이 할 소가 모자라게 되는 일이 해마다 발생하니, 이것이 입보의 다섯 째 폐단입니다.

이렇게 폐단이 다섯 가지나 되는데, 백성들이 어찌 도망갈 생 각을 하지 않겠습니까? 야인들이 없어지지 않는 한 그 폐단은 계속될 것입니다. 그리고 그 폐단이 계속되는 한, 누가 힘을 다 해 도적을 막고 그 상관을 위해 목숨을 버리겠습니까? 사실 함 길도의 땅은 비옥하고 넓으며 어업과 염전의 이익이 있으니 편 안히 농사지을 수만 있다면 곧 자리 잡을 수도 있을 것입니다. 평안도 북쪽의 백성들도 한때 땅이 비옥하고 세금이 없어 생업 에 편안했습니다. 그러나 오늘날 그 땅을 경작하여 생활할 수가 없게 되었으니, 이는 통곡할 만한 일입니다.

『고려사』高麗史를 상고하니, 덕종德宗이 평장平章 유소柳韶에게 명하여 북쪽 국경에 관방關防: 방비를 위해 설치한 요새을 처음 설치하게 했습니다. 옛 국내성國內城 경계의 압록강이 바다로 들어가는 곳에서 시작하여 동쪽으로 위원威遠·홍화興化·정주靜州·영해寧海 등 13성을 거쳐 바다까지 이어지는 그 수천 리 길에 돌로 성을 쌓았습니다. 높이가 25척약 7.6m이요, 넓이도 그와 같았으며, 무릇 끝에서 끝으로 가려면 석 달이나 걸렸습니다. 그로부터 동서의 오랑캐 도적들이 감히 변경을 넘보지 못했습니다. 문종文宗 때는 변방에서 오랑캐들이 다투어 항복하였고 주州와 현縣을 설치해 달라고 청원하여 우리 백성으로 편입된 자가 1만 명에 가까웠습니다. 오늘날 중국에서도 산해위山海衛로부터 요동에 이르는 수천 리 땅에다 참호를 파고 보를 쌓으며 나무를 심어서 북쪽 오랑캐가 감히 엿볼 마음을 가지지 못하게 합니다. 그러니 입보할 필요가 없어져 민가가 빼곡이 들어서고 소와 양이 들판에 가득합니다.

중국과 고려에서 오랑캐를 방비했던 정책을 따르시어, 의주義州로부터 경원慶源에 이르는 땅에다 장성長城을 쌓는다면 만세의 이익이 될 것입니다. 만일 시기가 좋지 않아 공사하기 어렵다면 우선 적이 침입하는 요해처要害處를 살펴서 그 지형에 따라 참호를 파거나 나무를 심거나 혹은 석축을 쌓아야 합니다. 그 거리를 측정하여 연대煙臺: 연기나 햇불로 급한 소식을 전하던 통신수단를 설치하고 수졸을 배치한다면 야인들이 갑자기 침입하지 못할 것이니

입보하지 않아도 될 것입니다. 이렇게 되면 입보의 폐단이 사라

질 뿐 아니라 남쪽에서 군사를 파견할 일도 줄어들 것입니다."

_ 세종 22년(1440, 경신) 2월 18일

5-8. 성을 쌓아 백성을 보호하라

임금이 상참을 받았다. 상참이 끝난 뒤에 여러 신하가 모두 물러가니, 임금이 도승지 김돈金墩에게 말하였다.

"진秦나라는 만리장성을 쌓아 후세에 조롱거리가 되었고, 두안杜顏은 황하에다 다리를 놓다가 당시의 웃음거리가 되었다. 하지만 만리장성은 만대萬代에 크게 쓰였고, 황하의 다리도 당대부터 유익하게 쓰였다. 그러니 만세에 이어질 장구한 계책을 세우고자 한다면 한때 백성을 부역시키는 폐단을 따질 필요가 없다. 논의하는 자들이 말하였다. '동서 양계兩界: 평안도와 함경도에다 장성長城을 쌓게 되면, 적이 침략할 수 없어 백성이 편안해질 것이다.' 내가 그 말을 들은 지 오래되었지만 말하지 않고 있었다.

그러나 근래 신개가 상소하여 장성 쌓기를 청하니 그대도 그것을 살펴보라. 나의 생각으로는 수천 리를 모두 쌓지는 못한다 하더라도 적이 오가는 요충지에 참호를 파거나 목책을 세우는 것만으로도 좋을 것 같다. 두서너 고을의 백성이라도 이로 인해 편안히 살 수 있다면 족하지 않겠는가?"

김돈이 대답하였다.

"신이 듣건대 변방의 백성들은 입보하는 괴로움이 매우 크다고 합니다. 농사철에는 들에서 거처하다가 가을이 되면 성에 입보해서 살아야 하니 농사짓고 생업을 이어 가는 즐거움이 없습니다. 그러니 변방의 백성들이 어찌 흩어지지 않을 수 있겠습니까? 변방에 장성을 쌓는 것은 만세에 이어질 장구한 계책입니다. 만일 장성을 쌓을 수 없다면 그 방면에 식견이 있는 자를 보내 국경을 순시하여 요충지에 목책이나 보를 증설하게 하소서. 각각 그 지역 출신으로 관리를 삼아 근방에 사는 백성을 모아 적의 침략에 대비하게 하소서. 그렇게 하면 변방에 사는 백성들이 먼 곳으로 입보해야 하는 괴로움을 면할 수 있을 것입니다."

임금이 말하였다.

"목책이나 보를 증설하는 방책도 좋다. 그대가 병조판서 황보인皇甫仁과 참판 신인손辛引孫과 함께 그 일을 맡길 만한 자를 택하여 아뢰라. 장성을 쌓는 일은 매우 큰일이다. 성공을 장담할 수 없으니, 그대들이 은밀히 의논하고 조심하여 이 일이 밖으로 알려지지 않게 하라."

김돈이 황보인, 신인손과 의논하고서 아뢰었다.

"저희 세 사람을 제외하고는 장성의 필요성을 헤아릴 만한 사람이 없습니다."

임금이 말하였다.

"그렇다면 황보인이 맡는 것이 좋겠다."

황보인을 평안·함길도 도체찰사군무를 맡아 보던 최고의 군직(軍職)로 삼고 국경의 성보城堡: 성과 요새를 보강한다는 명목으로 파견하였다. 하지만 실제로는 장성을 쌓으려는 계획이었다.

_ 세종 22년(1440, 경신) 2월 22일

임금이 도체찰사 종사관從事官 박근朴根을 보내어 평안도 조명간趙明干에 행성行城을 쌓게 하였다. 평안도의 장정 8천 390명을 동원하여 길이 5만 947척약 15.4㎞의 석축石築을 쌓고, 길이 5천 807척 7촌약 1.76㎞의 녹각성鹿角城: 사슴뿔 모양의 목책으로 일종의 바리케이드을 쌓았다.

종사관 정이한鄭而漢을 보내어 벽단碧團에 행성을 쌓게 하였다. 평안도의 장정 8천 263명을 동원해 길이 3만 795척 6촌약 9.3㎞의 석축을, 길이 5천 218척 4촌약 1.6㎞의 녹각성을 쌓았다. 모두 2월 15일에 시작하여 이 날에 완성하였다.

_ 세종 23년(1441, 신유) 3월 15일

함길도 온성부穩城府에 행성을 쌓았다. 길이 8만 5천 205척약 25.8 ㎞의 석축을 쌓았고, 길이 4만 6천 717척약 14.6㎞의 녹각성을 쌓았다. 함길도의 장정 1만 5천 명과 강원도의 장정 8천 명을 동원해 8월 15일에 시작하여 한 달 만에 완성하였다.

_ 세종 23년(1441, 신유) 9월 15일

5-9. 만족을 모르는 왜인

임금이 좌우 신하들에게 말하였다.

"전날 야인과 왜인의 사신이 궁에 함께 들어와 인사를 하였다. 그때 야인이 앞에 있고 왜인이 뒤에 있었다."

찬성 허조가 아뢰었다.

"왜의 사신을 야인의 뒤에 서게 하면 반드시 분노를 품을 것입니다. 또한 중국이 이 말을 들으면 우리나라가 왜인과 따로 외교를 하고 있다고 의심을 할 것입니다. 그러니 동시에 부르지 마소서."

임금이 말하였다.

"왜인이 우리나라에 왕래하는 것을 명나라가 어찌 모르겠는가? 조선의 환관 중에서 중국에 뽑혀 간 자가 꽤 많다. 그들이 우리나라가 왜인과 관계를 맺고 있는 것을 이미 알고 있지 않은가? 또한 왜인들이 황제께서 일찍이 조선의 국왕이 왜인을 복종

시켜 조정에 오게 했다고 말한다. 내 생각으로는 야인과 왜인을 앞뒤가 아니라 동서로 나란히 들어오게 하는 것이 편하겠다."

예조판서 신상이 아뢰었다.

"동쪽과 서쪽으로 나누어 세우라는 하교는 이미 받았습니다. 중국에서 이 사실을 알게 된다 하더라도 마지못해 화친한 것이지, 먼저 우호관계를 맺은 것이 아님을 알 것입니다. 그러니 동시에 들어와 인사한다 하더라도 해로울 것은 없습니다."

임금이 말하였다.

"옳다."

_ 세종 13년(1431, 신해) 1월 21일

종정성宗貞盛: 대마도 영주이 말을 요청하였다. 임금이 승문원 제조로 하여금 이를 의논하게 하였다. 정인지가 아뢰었다.

"종정성의 요청 중에 들어줄 수 있는 것은 다 들어주었습니다. 말 한 필을 주어 그 마음을 기쁘게 하는 것이 좋겠습니다."

황희 등이 아뢰었다.

"오랑캐들이란 만족을 모르는 것들입니다. 그런 빌미를 주어서는 안 될 것입니다."

임금이 황희 등의 말에 따랐다.

임금이 대마도의 왜인들이 기아로 도망해 온 일에 대하여 다시 의논하게 하였다. 정초가 아뢰었다.

"성인의 덕화란 본래 오는 자를 막지 않는 법입니다. 이번에 이들을 포박해서 보낸다면 후에 저들이 우리 백성들을 해칠 것입니다. 대마도는 지금껏 우리나라에 의지하여 살아왔습니다. 어찌 한두 사람으로 인하여 불화가 생기겠습니까?"

최윤덕 등이 아뢰었다.

"왜인은 이리 같은 자들입니다. 우리나라에서 이들을 받아들여 후하게 돌보아 준다 하더라도, 저들은 백성이라면 응당 해야 할 공역을 하지 않을 것이고, 은밀히 무리 지어 우리나라의 기밀을 탐지하여 누설할 것입니다. 대마도는 근래 기근이 들어 단지 굶주림을 면하려고 오는 것에 불과합니다. 어찌 진정으로 의로움을 사모하는 마음이 있어 왔겠습니까? 만약 의복, 식량, 토지를 지급하여 그들의 욕심을 채우게 한다면 굶주림에 떠는 자가 줄이어 오게 될 것이니 장차 그들의 요구를 감당하지 못하게 될 것입니다. 게다가 소인은 고향을 잊지 못하는 법이니 훗날 풍년이 들면 도망가 버릴 것이 분명합니다. 우리나라에 이익은 없고 손해만 가져올 일이니 일체 받지 않는 것이 어떨까 합니다."

민의생閔義生이 아뢰었다.

"대마도 사람들은 이전부터 조선에 귀순하여 내왕하고 있습니다. 지금 도망해 온 자를 받아들일 명분이 없습니다. 훗날 대마도 영주가 반드시 돌려보내 달라고 청할 것입니다. 지금 대마도에 기근이 들어 왜인들이 곤란을 겪고 있는데 만일 이 소식을 듣고 모두 바다를 건너온다면 그들 모두를 거둘 수 없을 것입니다. 저들과 우리는 큰 바다를 사이에 두고 있어 마음이 서로 다릅니다. 그리고 대마도의 땅이나 그 백성들은 우리나라에는 이로운 바가 없습니다. 그러니 조선과 관계된 사람을 제외하고는 식량을 주어 돌려보내는 것이 어떻겠습니까?"

정인지가 아뢰었다.

"이번에 도망해 온 왜인들은 조선과 관계된 자들이 아닙니다. 저쪽에서 만약 도의에 의거하여 송환을 요청할 경우, 허락하지 않으면 아마도 그 잘못이 우리에게 돌아올 것이고 불화가 생길 것입니다. 이는 대마도 정벌 때 포로가 된 왜인을 억류시켰던 일과는 견줄 수 없습니다. 마땅히 식량을 주어 돌려보내고 대마도 영주에게 상황을 알려 해를 입지 않는 것이 좋겠습니다."

임금이 정초의 말에 따르고 그 회답의 글을 마련해 올리도록 하였다.

_ 세종 16년(1434, 갑인) 3월 7일

六

조선의 뒷이야기

6-1. 유감동, 조선 최대 성스캔들

사헌부에서 아뢰었다.

"유감동兪甘同은 검한성檢漢城: 지금의 서울시장 유귀수兪龜壽의 딸이며 현감縣監 최중기崔仲基의 아내입니다.

유감동의 간부奸夫인 성달생, 정효문, 유승유, 김이정, 김약회, 설석, 여경, 이견수, 이곡과 장인匠人 최문수, 장지, 이성 등은 사면령 전에 죄를 지은 자들입니다.

전유성, 주진자, 김유진, 이효례, 이수동, 송복리, 안위 등은 유감동의 내력을 살피지 않고 아무 곳에서나 욕정이 내키는 대로 간통한 자들입니다.

이자성은 간통은 하지 않았으나 간통한 것과 다름이 없으며, 황치신은 관문과 나루를 지키는 관리인데 지나가던 유감동을 불러 간통하고 후에는 그 내력을 알면서도 계속 간통했습니다.

변상동은 이승이 첩으로 정해 살던 유감동과 몰래 간통했으니 부끄러움을 모르고 못난 행동을 한 것이고 또한 여러 달을 간통했으니 어찌 이 자가 유감동의 내력을 몰랐다고 할 수 있겠습니까?

이승과 이돈은 유감동의 내력을 알면서도 간통하고 유감동 아비의 집까지 드나들었으니 그 뻔뻔스러움은 이루 말할 수 없습니다.

오안로는 백성들에게 본보기가 되어야 하는데 내력도 모르는 여자를 관아로 끌어들여 간통하고 관청의 물건까지 팔아서 유감동에게 주기도 하였습니다.

전수생 또한 여러 달 동안 간통하였으니 그가 유감동의 내력을 알고 있는 것이 확실합니다.

이효량은 비록 가까운 친척은 아니라고 하지만 처남의 처와 간통했으니 사람이라 할 수 없으며, 권격도 자기 고모부인 이효례가 이전에 유감동과 간통한 것을 알면서도 또 여러 차례 간통했습니다.

김여달은 병을 피하여 거처를 옮기는 유감동을 길에서 만나자 순찰한다고 속이고 위협하여 강간했습니다. 음탕한 욕심을 내어 최중기의 집에까지 왕래하면서 거리낌 없이 간통하다가 마침내 유감동을 데리고 도망가기까지 했으니 악함이 비할 데가 없습니다.

유감동은 조정 관리의 정실부인인데 남편을 버리고 도망갔고 스스로를 창기라고 거짓말했습니다. 서울과 지방을 다니면서 밤낮으로 음란한 짓을 하여 추악함이 비할 데가 없으니, 크게 징계하여 뒷사람들이 경계 삼도록 해야 할 것입니다.

형률에 의거하면 전유성·주진자·김유진·이효례·이수동·송복리·안위·이자성 등은 관리인데도 창기와 간음했으니 곤장 60대를 칠 것이며, 황치신은 남편이 없는 여자와 서로 눈이 맞아서 간음했으니 곤장 80대를 칠 것이며, 이승은 유감동을 부임지에 데리고 가서 영을 어겼으니 태형 50대를 칠 것입니다. 오안로는 관리인데 창기와 간통했으니 곤장 60대에 관청의 물건을 내다 팔았으니 태형 40대, 식량으로 써야 할 쌀을 내주었으니 도적질에 해당하여 곤장 80대를 쳐야 할 것입니다. 전수생은 창기와 간통했으니 곤장 60대, 군자주부軍資注簿로 있을 때에 열 말이 넘는 쌀을 주었으니 곤장 80대를 쳐야 하고, 이효량은 곤장 1백 대, 권격은 곤장 90대를 쳐야 할 것입니다.

유감동은 최중기와 같이 살고 있을 때도 김여달과 간통했습니다. 남편과 함께 자다가 소변을 본다고 핑계하고 몰래 김여달에게 갔습니다. 따라서 남편을 배반하고 도망가서 개가한 자이니 교형絞刑: 목 매어 죽임에 처해야 합니다. 김여달은 1등을 감형하여 곤장 1백 대를 치고 3천 리 밖으로 귀양 보내야 할 것입니다.

또 유감동은 정탁의 첩이었을 때 정효문과 간통하였습니다. 정탁의 동성同姓 조카인 정효문은 큰아버지의 아내와 간통을 한 것이니 참형斬刑: 목 베어 죽임에 처하고 유감동은 1등을 감형할 것이며, 최중기의 매부 이효량은 처남의 아내와 간통을 한 것이니 곤장 1백 대를 쳐야 할 것입니다. 그러나 이 모든 죄는 사면령 전에 범한 것입니다.

(사면령 이후) 이승의 첩이 된 유감동을 간통한 변상동은 곤장 90대를 칠 것이며, 병오년 사면령 이후에 다시 간통한 김여달과 몇 사람들은 곤장 80대를 쳐야 할 것입니다. 다시 간통한 이효량과 권격은 곤장 1백 대를 치되 옷을 벗겨서 한꺼번에 모두 쳐야 할 것입니다. 황치신·오안로·이승·전수생은 곤장 80대인데, 오안로와 전수생은 자자刺字: 얼굴에 먹물로 죄명을 새김를 해야 할 것이며, 전유성·주진자·김유진·이수동·송복리·안위·이효례·이자성 등은 각기 곤장 60대, 권격과 변상동은 곤장 90대, 이돈과 김여달은 곤장 80대, 이효량은 곤장 1백 대를 쳐야 합니다.

유감동의 아버지 유귀수는 (집안을 잘 다스리지 못했다는 죄목으로) 태형 40대를 쳐야 할 것입니다."

임금이 보고한 대로 처벌하도록 명하였다. 다만 유귀수는 다른 벌을 주지 않고 원하는 곳으로 귀양가도록 하고, 황치신은 관직만 파면하도록 하고, 오안로는 자자를 면해 주고 곤장 80대만

치기로 하였다. 이돈·이효량·변상동·전수생은 공신의 후손이므로 다른 벌을 주지 않고 지방에 유배가도록 하고, 주진자는 공신의 아들이므로 관직만 파면하도록 하고, 권격은 1등을 감하도록 하고 이자성은 논죄하지 말도록 하였다.

_ 세종 9년(1427, 정미) 9월 16일

지사간원사知司諫院事: 사간원에 소속된 종3품 관직 김학지金學知 등이 상소하였다.

"형벌은 정치를 돕는 도구이니 죄에 맞게 행해져야 백성들이 진심으로 따를 것입니다. 이를 마음대로 가볍게 하거나 무겁게 할 수는 없습니다. 근래 사헌부에서 유감동의 음란함과 간부들의 죄를 아뢰었습니다. 유감동과 이수동·전유성·이승·오안로는 법에 의거하여 형벌이 정해졌습니다. 그러나 그 외 성달생·정효문·유승유·김이정의 죄는 모두 사면령 이전의 것이라 하여 논죄하지 않았습니다. 또한 변상동·이돈·전수생·이효량 등은 모두 공신의 아들이라 하여 벌을 면해 주고 귀양 보냈습니다.

　황치신황희의 아들은 관리의 신분으로 창기와 간음했으니 이수동·전유성의 죄와 다를 것이 없고, 남편이 없는 줄 알고 간통한 것은 이승·이돈과 같으며, 죄를 지은 것도 사면령 이전이 아니고, 게다가 공신의 아들도 아닙니다. 그러니 죄를 면할 수 없는데도 관직만 파면하고 홀로 죄를 주지 않으시니 이는 같은 죄에 다른 벌을 내리신 것입니다.

오안로는 한 고을을 맡은 자로서 더욱 청렴하고 근신하여 위로는 임금의 마음에 보답하고 아래로는 백성의 모범이 되어야 합니다. 그런데 관리로서의 처신은 생각하지 않았을 뿐만 아니라 유감동과 관사에서 간통했습니다. 그것도 부족하여 관청의 물건을 훔쳐다 주었으니 그 추악함은 이루 말할 수 없습니다. 법에 정해진 벌이 있는데도 곤장 80대만 치고 자자도 하지 않으니 이는 이승의 죄보다 큰데도 같은 벌을 받은 것입니다.

유감동의 추악한 행실도 처음부터 이렇게까지 심하지는 않았습니다. 김여달에게 강포한 짓을 당하고 이렇게 된 것입니다. 이전에도 부녀자들이 강포한 자에게 몸을 더럽힌 경우가 간간이 있었지만 모두 미천한 여인들이었습니다. 김여달은 어두운 밤을 타서 무뢰배와 결탁하여 거리와 마을을 휩쓸고 다니다가 유감동을 만났습니다. 유감동이 조정 관리의 아내인 줄 알면서도 위협과 공갈을 가하여 구석진 곳으로 끌고 가 밤새도록 희롱했습니다. 이것을 보더라도 유감동이 먼저 유혹한 것이 아니고 김여달이 강제로 포악한 짓을 행한 것이 명백합니다. 어찌 미천한 여인들을 강간한 것과 똑같이 가볍게 논죄할 수 있겠습니까?

바라건대 전하께서는 해당 관청에 명하시어 황치신·오안로는 다른 죄인들처럼 법조문에 의거하여 처벌하도록 하소서. 김여달은 간악한 짓이 더욱 심합니다. 처음 강간한 것이 사면령 전에 범한 것이라 극형에 처할 수 없다면 유감동의 예에 의거하여 변방으로 부역을 보내 영원히 돌아오지 못하게 해야 합니다. 이렇게 해야 형벌이 죄에 합당하게 내려지는 것입니다."

그러나 임금이 윤허하지 않았다.

_ 세종 9년(1427, 정미) 9월 29일

6-2. 끊이지 않는 간통

양반집의 부녀도 간통하다

임금이 명하여 전前 관찰사 이귀산李貴山의 아내 유씨를 참형에 처하고 지신사 조서로趙瑞老를 귀양 보냈다.

유씨는 조서로와 먼 친척 사이였다. 유씨가 일찍이 아버지를 잃고 여승이 되어 조서로의 집에 출입하였다. 둘은 조서로가 14세가 되었을 무렵부터 사통하였다. 조서로의 어머니가 이것을 알고 유씨를 몹시 미워하였다. 유씨가 이때부터 조서로에게 가지 못하다가 뒤에 머리를 기르고 이귀산에게 시집갔다. 이후 조서로는 자주 이귀산의 집을 찾았다. 이귀산은 늙어서 얻은 아내를 몹시 사랑하였고 조서로가 유씨의 친척이 된다고 하여 후하게 대접하였다. 침실로 맞아들여 술자리를 벌이고 아내로 하여금 술을 따르게 하며 좋은 말[馬]을 선물하기도 하였다. 유씨는 글과 장기, 바둑 등을 약간 알았는데 직접 글을 써서 은밀히 조서로에게 전하였다.

"목복차ㅏ의 집에서 만나 쌓인 정을 풀기 바랍니다."

목복차ㅏ은 곧 '박朴' 자로서 이는 조서로의 외조카인 박동문朴東文을 말한다. 조서로와 유씨는 지난해 9월부터 사통하였다.

사헌부에서 사건의 진상을 갖추어 보고를 올리니 임금이 말하였다.

"우리나라가 예의로써 나라를 다스린 지 오래다. 대대로 벼슬을 한 집안에서는 이 같은 행실이 있을 수가 없다. 더구나 지신사는 왕명의 출납을 맡았으니 그 임무가 지극히 중요한데 이제 조서로의 죄가 강상綱常: 사람이 지켜야 할 도리을 범한 것이다. 하지만 공신의 적장자인지라 형벌을 줄 수는 없다. 유씨는 대신의 아내인데도 감히 음탕한 짓을 행했으니 크게 벌하여 뒷사람을 경계하라."

유씨를 3일 동안 저자에 세워 두었다가 목을 베었다.*

_세종 5년(1423 계묘) 10월 8일

---

* 조선시대 간통사건에서 남자가 죽는 경우는 없다. 유씨는 참수되었지만 조서로는 개국공신 조반(趙胖)의 아들이라 하여 유배만 보내졌을 뿐이었다.

의금부에서 아뢰었다.

"어리가於里加는 양반집 부녀인데도 평복을 입고 거리와 마을로 드나들면서 함부로 음란한 행동을 하였습니다. 이의산李義山이 어리가를 꾀어 간통하였고, 허파회許波回는 비첩의 소생인데 담을 사이에 두고 어리가를 희롱하면서 여러 달 동안 간통하였습니다. 이렇게 방자하게 추한 행실을 한 자들을 보통 사람의 간통죄와 같이 처리한다면 뒷사람을 경계할 수가 없습니다. 법에 의거하여 장형을 집행한 뒤에 먼 지방으로 귀양 보내소서."

그대로 따르되, 다만 이의산은 직첩만 회수하고 먼 곳에 귀양 보냈다.

_ 세종 15년(1433, 계축) 12월 4일

사헌부 감찰 황보원皇甫元의 딸이 별시위別侍衛 유극경柳克敬에게 시집가서 음탕한 짓을 멋대로 하였다. 유극경이 그녀를 쫓아 버렸더니 다른 사람에게 개가하였다. 그후에도 건달패와 몰래 간통하였다. 황보원은 자기 집안도 다스리지 못하면서 풍속을 바로잡고 관리를 규찰하는 사헌부 감찰의 자리에 있었으니 당시 사람들이 비웃었다.

_ 세종 22년(1440, 경신) 7월 3일

친척과 간통하다

사헌부에서 보고하였다.

"고故 사정司正 양웅楊雄의 딸 동자童子는 처녀인데 고 임득성林
得成의 아내 민씨 집에 도망해 들어갔다가 그 아들 임견수林堅守
와 서로 간통했습니다. 임견수가 동자를 유혹하여 간통하고는
다른 집으로 옮겨 살게 했습니다.

금음동 역시 처녀인데 친척인 양자부楊自敷와 간통하고 또 임
견수의 아우 임일林逸과 간통했습니다.

양자부는 친척과 간통을 하였으니 법에 의거하여 처벌을 받
아야 할 것입니다. 동자와 임견수는 간통했으니 곤장 1백 대에
해당하고, 임일과 금음동은 합의하여 간통했으니 곤장 80대에
해당하고, 금음동과 양자부는 각기 곤장 1백 대, 도徒: 먼 곳에 복역
시키는 형벌 3년에 해당합니다. 동자와 금음동은 모두 옷을 벗기고
곤장을 맞도록 해야 할 것입니다. 양자부와 금음동은 행실이 짐
승과 같으니 형률보다 더 큰 벌을 주어 크게 징계하소서."

임금이 모두 형률대로 시행하도록 명하였다.

_ 세종 9년(1427, 정미) 9월 16일

사헌부에서 아뢰었다.

"전 직장直長 안영安永이 아내가 사촌오빠와 몰래 간통하는 것을 현장에서 붙잡았습니다. 두 사람의 머리털을 자르고 고소했습니다. 청컨대 국문하게 하소서."

임금이 그대로 따랐다.

_ 세종 10년(1428, 무진) 4월 11일

6-3. 간통죄는 이렇게 다스려라

대언 등이 보고하였다.

"어떤 남자가 남의 아내와 간통하다 방문 밖으로 빠져 나왔는데, 그 여자의 남편이 따라가 죽인 사건이 있었습니다. 해당 관청에서는, '법조문에는 간통 현장에서 살인한 자는 논죄하지 않는다는 말이 있을 뿐이다. 그런데 이 자는 간통 현장이 아니고 따라가 밖에서 죽인 경우이니 서로 다투다가 살해한 자와 같은 죄로 처벌해야 한다'라고 합니다."

임금이 말하였다.

"서로 간통한 직후에 여자의 남편이 쫓아가 죽인 것이니 비록 현장에서 죽인 게 아니라 하더라도 현장에서 죽인 것과 다름이 없다. 다투다가 살인한 경우는 사면령을 만나야 죽음을 면할 수 있는 중죄이다. 지금 아내의 간부를 방문 밖으로 쫓아가 죽인 자에게 다투다 살인한 자와 같은 죄를 준다면 인정에 어긋나지 않겠는가? 다시 상고하여 아뢰라."

_ 세종 10년(1428, 무신) 윤4월 15일

형조에서 아뢰었다.

"망오적亡吾赤이 그의 아내가 간부와 서로 희롱하는 것을 보고 칼로 찔러 죽였습니다. 청컨대 구살歐殺: 때려 죽임의 죄로 논하게 하소서."

임금이 말하였다.

"부부 사이의 은의恩義는 더할 수 없이 중한 것이다. 만약 망오적이 이유 없이 아내를 죽인 것이라면 그런 죄명으로 처벌하는 것이 마땅하다. 그러나 아내가 먼저 도리를 잃은 것이니 그에 맞는 죄를 주어야 할 것이다. 망오적의 죄를 구살의 죄로 처리하는 것은 과중하다."

형조판서 정흠지鄭欽之가 대답하였다.

"사정을 살펴보면 용서할 만합니다. 그러나 간음한 현장에서 살해한 것이 아니므로 이렇게 결정한 것입니다."

임금이 말하였다.

"법은 비록 그러하나 정상을 참작하여 감형하는 것이 좋겠다. 몇 등을 감하는 것이 좋을지 여러 신하들의 의견을 듣고 결정하겠다."

우승범, 이명덕, 허조 등이 아뢰었다.

"자기의 아내가 행실이 나쁘면 버려야 마땅한데 죽였으니 망오적은 죄가 있긴 합니다. 그러나 사형을 시키는 것은 너무 과하니 감형해 주는 것이 좋겠습니다."

정흠지와 노한 등이 아뢰었다.

"그 아내의 행실이 몹시 잘못된 것이니 현장에서 붙잡아 죽였다면 당연히 불문에 부칠 일입니다. 그러나 이 사건은 현장이 아닌 곳에서 살해한 것이니 죄를 주되 2등만 감해 주는 것이 좋겠습니다."

임금이 노한 등의 의견에 따랐다.

_ 세종 14년(1432, 임자) 3월 12일

형조에서 아뢰었다.

"낙안의 죄수 소을진所乙進이 아내와 간통한 사내를 찔러 죽였습니다. 그러나 간통하는 곳에서 잡은 것이 아니니 『율문』에 의하여 마땅히 참형斬刑에 처해야 할 것입니다."

의정부와 육조에서 함께 의논하게 하였다.

"당연히 죽여야 합니다."

다른 신하들이 말하였다.

"본래는 간통하는 현장에서 잡으려 했는데, 간부가 미리 알고

도망가기에 따라가서 죽인 것입니다. 어찌 사람을 죽인 일반적

인 죄로 다스리겠습니까? 마땅히 감형해야 합니다."

　임금이 명하여 1등을 감하도록 하였다.

_ 세종 19년(1437, 정사) 9월 11일

6-4. 정욕을 법으로 막을 수 없다

임금이 황희와 맹사성 등을 불러들이고 도승지 안숭선安宗善에게 말하였다.

"지난달에 대간臺諫이 상소하였다. '어리가於里加와 이의산·허파회가 음란한 짓을 하여 강상을 문란하게 했습니다. 마땅히 극형에 처하여 엄하게 금해야 합니다.'

역대의 일을 상고해 보면 궁궐 안에서도 강상을 어지럽힌 자가 있었다. 그것이 어찌 법이 엄중하지 않았기 때문이겠는가? 우리 조선의 예만 보더라도, 윤수·이귀산의 아내가 음탕하고 더러운 행위를 하여 사형을 받았다. 악행을 징계하는 법이 엄중하지 않은 것이 아니건만 유감동·금음동·연생 등이 잇따라 나왔다. 이것만 보더라도 남녀 사이의 정욕을 어찌 한갓 법령으로 막을 수 있겠는가?

또 상소문에서 말하였다.

'어리가는 벼슬아치의 아내인데도 음란한 행위가 많아서 입으로 다 말할 수 없습니다. 마땅히 중형에 처하여 떳떳한 윤리를 바로잡으소서.'

그런데 가무를 담당하는 임시 관원들도 벼슬을 받을 때와 물러날 때 관리의 예로 대우한다. 이 사람들의 아내 중에 음탕한 자가 있을 때 그들 또한 벼슬아치 아내의 예에 따라 처단해야 한다는 말인가?

고려 말기에 사헌부가 풍문을 듣고 범죄를 적발하였다. 그래서 옥석구분玉石俱焚: 옥과 돌이 함께 불타 버린다는 뜻으로 착한 사람이나 악한 사람이 함께 망함의 폐단이 있었다. 우리 태조께서 즉위한 이래로는 풍문을 듣고 범죄를 다스리는 일을 일절 금하고 그 폐단을 고쳤다. 지금 어리가는 죄가 이미 드러났으니 벌을 주지 않을 수 없다. 그러나 관련된 자들을 풍문만으로 모두 잡아다가 국문한다면 어찌 폐단이 없겠는가? 내 생각에는 관련자들은 불문에 부치는 것이 좋겠다."

_ 세종 15년(1433, 계축) 12월 9일

6-5. 혼인 연령을 정하라

임금이 말하였다.

"여자들이 행실을 바르게 하지 못한 것은 혼인을 제때 하지 못하기 때문이다. 이미 서울과 지방의 관원에게 명하여 혼인할 때를 놓친 여인들을 혼인시키라고 하였다. 한데 관리들이 마음을 쓰지 않아서 이와 같은 일이 있게 되었으니 혼인하는 연령을 정하는 것이 어떻겠는가?"

변계량이 아뢰었다.

"15세로 정하는 것이 좋겠습니다. 그 중간에 피치 못할 사유가 있다면 한두 해 지나더라도 늦지는 않을 것입니다."

임금이 말하였다.

"경들이 자세히 의논하라."

_ 세종 9년(1427, 정미) 9월 4일

예조에서 보고하였다.

"『주문공가례』朱文公家禮에 이렇게 나와 있습니다.

'남자는 16세에서 30세까지, 여자는 14세에서 20세까지 당사자와 혼주婚主가 1년 이상의 상喪이 없어야 혼인할 수 있다.' 주해에는 '옛날에 남자는 30세가 되어 장가가고 여자는 20세가 되어 시집갔다. 지금은 남자 나이 15세, 여자 나이 13세 이상이 되면 모두 장가들고 시집가는 일을 허락한다'고 했습니다. 이는 고금의 도리를 참고하고 예법을 살펴 천지의 이치에 순응하고 인정에 합당하게 한 것입니다.

우리나라에서는 가난으로 인해 혼인할 시기를 놓친 사람이 있을까 염려하여 서울과 지방의 관원으로 하여금 자세히 조사하게 하여 혼인할 때를 잃지 않도록 했습니다. 그리고 이를 어긴 사람에게는 죄를 주었습니다. 이것은 『예전』禮典에도 기록되어 있습니다. 그러나 혼인해야 할 나이를 정하지 않아 서두르지 않고 있습니다. 서울과 지방의 관청에서도 나이 제한의 근거가 없어 혼인시킬 때를 놓치게 되는 것입니다. 그 결과 음양의 화합에 어긋날 뿐만 아니라 처녀들이 강포한 일을 당해 몸을 더럽히는 경우가 있어 풍속이 아름답지 못하게 되니 참으로 문제입니다.

지금부터는 『주문공가례』에 의거하여 여자는 나이 14세부터 20세까지 모두 혼인하게 하소서. 만약 부득이하여 기한을 넘기는 경우에는 그 사유를 갖추어 서울은 한성부에, 지방은 그 고을 에 알리게 하소서. 서울과 지방의 관사에서 사실을 조사해 만약 이유 없이 기한을 넘긴 경우에는 그 혼주를 법대로 논죄해야 할 것입니다."

　이에 임금이 그대로 따랐다.

_세종 9년(1427, 정미) 9월 17일

6-6. 새 땅을 찾아라

임금이 함길도 관찰사와 도절제사에게 전하여 말하였다.

"함길도 내에 새 땅이 있다고 떠들썩하게 전해진 지 이미 여러 해가 되었다. 직접 말한 자도 한둘이 아니니 어찌 근거도 없이 그랬겠는가? 분명히 새 땅이 있을 것 같다. 하여 사람을 보내 찾게 한 것도 한두 번이 아닌데 아직도 찾지 못하였다.

옛날 한漢나라 무제武帝가 오손烏孫: 기원전 2세기부터 기원후 5세기 중반까지 톈산산맥 북방의 초원지대에 살던 기마유목민족 집단과 동맹을 맺기 위해 장건張騫에게 수많은 금과 비단을 갖고 가게 하였다. 그러나 오래도록 뜻을 이루지 못하자 장건은 그곳에서 신하들을 강거康居나 대하大夏 등 이웃나라로 파견했다. 그후 오손은 장건을 돌려보낼 때 그 편에 심부름꾼 수십 명과 말 수십 필을 보내 한나라에 사례하였다. 장건이 돌아온 해에 이웃나라에 보냈던 신하들도 그 나라 사람들과 함께 돌아왔다. 이렇게 한나라와 서역西域

사이에 길이 뚫리게 된 것이다.

　지난날 강원도의 무릉도武陵島: 울릉도를 찾으려고 할 때는 모두 '있는 곳을 알지 못한다'고 하였다. 그런데 뒤에 조민曹敏 등이 이를 찾아내어 내가 상을 내렸다. 요도蓼島: 독도를 찾으려고 할 때는 조민의 일을 듣고 지켜보기만 하던 자들이 찾겠다고 나섰으나 결국 찾지 못하였다. 이것을 본다면 새 땅을 찾는 것은 매우 어려운 일이며, 반드시 마음을 다한 후에야 얻게 되는 것이다. 이것이 천하고금의 법도이다. 얻고 얻지 못하는 것은 얼마나 정성으로 구하였는가에 달려 있다. 경은 이를 알아서 그 땅에서 오래 살아온 노인들과 새 땅의 일을 아는 사람들에게 묻고 또 물어서 여러 가지 방법을 강구하여 널리 찾아보고 아뢰라."

_ 세종 23년(1441, 신유) 7월 14일

우의정 신개申槩, 좌찬성 하연河演, 좌참찬 황보인, 우참찬 이숙치李叔畤, 병조판서 정연鄭淵, 예조판서 김종서 등을 불러 말했다.

　"평안도 벽동에 사는 박정朴丁이 새 땅을 직접 보았다고 한다. 그대들이 박정을 불러 물어보고 그곳을 찾을 계책을 아뢰라."

　신개 등이 박정을 불러 물으니, 박정이 대답하였다.

　"지난 12년 동안 매새끼 치는 곳을 찾기 위해 궁벽한 산속을 돌아다니다가 우연히 한 곳에 들어갔습니다. 무려 40여 가구가 살고 있었는데 우두머리의 이름은 김인우金仁祐라 하였습니다. 김인우가 나를 보고 놀다 가라고 청하기에 저는 한 열흘 가량 술도 같이 먹으며 머물렀습니다. 그들의 내력을 물어보니 모두 우리나라 사람이 아니었습니다. 그곳은 사방이 막혀 바람과 기후가 아늑하고 포근한데 오솔길 하나로 겨우 출입할 수 있었습니다. 풍속과 말, 음식은 물론이고 거처하는 집과 밭 가는 쟁기 따위도 우리나라의 것과 다름이 없었습니다. 곡식은 피와 조뿐이었는데 해마다 풍년이 들어 곡식이 쌓여 넉넉하기가 이를 데 없었습니다. 제가 작별하고 돌아올 때 김인우가 말했습니다. '그대가 만일 세금이나 노역을 견디기 어려우면 여기 와서 함께 살아도 좋다. 하지만 남들에게는 알리지 말라.' 제가 그렇게 하기로 약속하고 돌아와서 가족을 이끌고 그곳에 가서 살려고 했습니다. 한데 길을 잃어 딴 곳으로 가게 되어 지금 거기서 살고 있습니다."

신개 등이 박정의 말이 그럴듯하다고 여겨 임금께 아뢰었다.

"빨리 찾아보겠습니다. 그러나 이 일은 그 결과를 장담할 수 없습니다. 이제 황보인이 곧 평안도에 갈 것이니 도절제사와 함께 의논하여 시행하게 함이 어떻습니까?"

임금이 그대로 따르고 또 신개 등에게 말하였다.

"전에 박원이라는 자가 또한 새 땅을 보았노라고 했는데 그것이 지금 박정이 본 그 땅이 아닌지 의심된다. 적은 인원으로 산속 깊숙이 들어가면 변고를 당할 수도 있다. 그러나 많은 인원을 동원해서 멀리 가면 막대한 비용이 필요할 것이다. 어찌 해야 좋을지 의논하여 아뢰라."

_ 세종 25년(1443, 계해) 1월 10일

임금이 영의정 황희, 우의정 신개, 좌참찬 황보인 등을 불러 강계 사람 박정이 고한 그 땅을 찾는 문제를 의논하게 하였다. 모두 아뢰었다. "박정으로 하여금 군인을 거느리고 가서 찾아보게 하는 것이 좋겠습니다."

그때 서북 지방에 지금까지 발견되지 않은 새 땅이 있다는 설이 전해 내려온 지 이미 오래였고, 그것을 찾아 나선 적도 한두 번이 아니었으나 끝내 찾지 못하였다. 그것들이 허망한 말인 것이 분명하다. 지세를 가지고 말하더라도 함길도·평안도·압록강 사이에 어디 새 땅이 있겠는가? 임금이 그 말들을 믿었기에 고하는 자들이 낚시질을 한다. 대신들이 바른 말로 중지시키지 못하고 모두 '찾아보시는 것이 좋겠다'고 말하니 세상 사람들이 그것을 한탄스럽게 여겼다.

_ 세종 24년(1442, 임술) 8월 1일

6-7. 조선의 질병 처방전

임금이 예조에 명하였다.

"지금 지방 각 도에 역병이 퍼져 있다고 들었다. 그러나 고을
수령들이 병자를 살리려고 마음을 다하지 않는다고 한다. 그들
에게 향소산香蘇散·십신탕十神湯·승마갈근탕升麻葛根湯·소시호탕小
柴胡湯 등의 약을 조제하게 하라. 의학생도들을 시켜서 발병하는
대로 바로 치료하게 하라. 또 근처에 있는 무녀들을 시켜 수시로
출입하며 죽을 쑤어 공급하게 하라. 항상 살펴서 백성들이 비명
에 죽는 일이 없도록 하라."

_ 세종 6년(1424, 갑진) 2월 30일

요동에 살던 의원 하양河讓이 제현齊賢을 따라왔다. 지신사 곽존
중이 명을 받들고 하양을 청해 임금의 병을 진찰하게 했다. 세자
가 환관 두 사람을 거느리고 곁에서 모셨다. 임금이 통역관을 시

켜 말을 전했다.

"죽엽석고탕竹葉石膏湯을 복용하는 것이 어떠하겠는가?"

요동 의원 하양이 대답했다.

"좋습니다."

임금이 약방문을 내도록 명하였다.

"물러가 어의와 의논해서 내겠습니다."

하양이 나와서 말하였다.

"전하의 병환은 상부上部는 성하고 하부下部는 허합니다. 이는 정신적으로 과로했기 때문입니다. 그래서 맥이 한 번 호흡하는 동안 네 번씩 뛰어 화평한 맥과 같아 보이지만, 오른쪽 맥은 침활沈滑: 가라앉고 미끈미끈하다하고 왼쪽 맥은 침허沈虛: 가라앉고 힘없다합니다. 담痰이 흉격胸膈 사이에 쌓여서 기가 잘 흐르지 못하고 수화水火가 오르내리지 못합니다. 먼저 담을 제거할 약을 복용하시고 다음에 비위脾胃를 다스릴 약을 복용해야 합니다. 그후에 몸을 보하는 약을 올려야 할 것입니다."

그리고 향사칠기탕香砂七氣湯과 양격도담탕涼膈導痰湯을 섞은 처방을 내렸다. 그러나 이 처방은 의서에서 찾을 수 없었으므로 임금께 올리지는 않았다. 임금이 하양에게 음식을 내리라 명하고 저포와 마포 각 3필을 주었다.

_ 세종 7년(1425, 을사) 윤7월 25일

임금이 예조에 명하였다.

"역병에 대처하는 법이 『육전』六典에 실려 있다. 그러나 수령이 역병을 치료하는 데 마음을 쓰지 않을 뿐 아니라 그 방법을 다 알지 못한다. 하여 제명대로 살지 못하는 백성들이 많으니 진실로 가엾다. 약방문을 뽑아서 서울과 지방의 집집마다 알리도록 하라. 정성을 다하여 치료한다면 죽지는 않을 것이다. 모두 백성을 가엾게 여기는 나의 뜻에 맞게 행하라."

그 약방문은 이러하였다.

"성혜방聖惠方이라는 처방은 유행병과 열병이 사람들 사이에 퍼지지 못하게 하는 것이다. 두시豆豉: 발효시킨 콩 1되, 복룡간伏龍肝: 아궁이에서 채취한 흙 가루 3냥, 사내아이의 소변 3중잔中盞을 섞어서 1중잔 반이 될 때까지 달인 후 찌꺼기는 버린다. 반 중잔씩 나누어 먹되 아침마다 한 번씩 복용하면 역병에 걸리지 않는다.

시기장역욕탕방時氣瘴疫浴湯方이라는 처방은 복숭아 나뭇가지와 잎 10냥, 백지白芷 3냥, 백엽柏葉 5냥을 골고루 찧고 체로 걸러 가루로 만든다. 매번 3냥을 탕으로 끓여 목욕하면 좋다.

시기장역방時氣瘴疫方이라는 처방은 복숭아나무 속 벌레똥[蟲糞]을 가루로 곱게 갈아 한 돈을 물에 타서 마신다. 또 다른 처방으로는 초시炒豉 볶은 두시 1되, 화출和朮 1근을 술에 담가 두고 항상 마신다.

『천금방』千金方에서 온병불상염방溫病不相染方을 쓰는 법은 다음과 같다. 새 베로 만든 자루에 붉은 팥 1되를 담아 우물 안에 넣었다가 3일 만에 꺼내어 온 식구가 27알씩 복용한다. 다른 처방으로는 솔잎 가루를 술에 타서 약숟가락으로 하루 세 번씩 복용한다. 또 다른 처방으로는 새 베로 만든 자루에 콩 1되를 담아 하룻밤 우물 속에 넣었다 꺼내어 7알씩 복용한다. 그리고 유행병이 돌 때는 매달 보름날 동쪽으로 뻗은 복숭아나무 가지를 잘게 썰어 넣고 물을 끓여 목욕한다.

『경험양방』經驗良方에는 상한역려傷寒疫癘: 급성 전염병가 돌 때 함께 있더라도 감염되지 않게 하는 처방이 있다. 매일 이른 아침에 세수하고 참기름을 코 안에 바르고 자기 전에도 바른다. 급작스러워 약이 없으면 종이 심지를 말아서 콧구멍에 넣어 재채기를 하는 것도 좋다."

_ 세종 16년(1434, 갑인) 9년) 6월 5일

6-8. 인육을 먹었다는 소문이 돌다

황해도 도관찰사 이계린李季疄이 황해도에서 기근을 구제하기가 어렵다고 임금께 아뢰었다.

"금년 봄에 기근이 너무 심하여 사람 고기를 먹는 자까지 있었습니다."

임금이 크게 놀라고 해괴하게 여겨 의정부와 의논하였다.

"이 일은 심히 중대한 문제이니 이 말의 출처를 묻지 않을 수 없다. 이계린에게 물을 것인가? 신하를 따로 보내어 그 도에 물을 것인가?"

모두 말하였다.

"그 도에 묻는다면 어디에 물어야 할지 모르니 이계린에게 묻는 것이 편합니다."

임금이 이계린의 아우 동부승지 이계전을 시켜 물으니 대답하였다.

"신이 사헌부에 있을 때 집의執義 정사鄭賜에게 들었습니다."

이튿날 이계린이 또 아뢰었다.

"신이 어제 정사에게 물어보니 알지 못한다고 하기에 다른 관원들에게 물으니 모두 알지 못한다고 하였습니다. 신이 어리석게도 말한 사람을 기억하지 못하겠습니다."

임금이 도승지 이사철에게 명하여 의정부와 의논하였다.

"이계린의 말이 이와 같았다. 내가 생각하건대 한漢나라의 위상魏相과 송宋나라의 이항李沆은 모두 어진 신하였으므로, 사소한 말을 들었더라도 보고하지 않은 것이 없었다. 내가 처음에 즉위했을 때 이원李原이 강원도에서 사람이 많이 죽은 것을 사실대로 보고하지 않았었다. 그때는 내가 어려서 사실을 다 캐묻지 못하였으나, 지금 이계린의 말은 끝까지 밝히고자 한다. 이계린과 사헌부 관원들을 승정원에 나오게 하여 사실을 조사하고 만일 알아내지 못하거든 형조에 내려 탄핵하게 하는 것이 어떠한가?"

모두 말하였다.

"성상의 분부가 옳습니다."

곧 정사 등을 불러 물으니 말하였다.

"신들은 듣지 못한 말입니다."

이계린이 두려워하며 말하였다.

"그렇다면 신이 다른 사람에게 들었을 텐데 그가 누구인지 기억이 나지 않습니다."

　임금이 형조에 내려 국문하게 하였다.

_ 세종 29년(1447, 정묘) 11월 15일

이계린이 사람을 시켜 이계전을 통해 아뢰었다.

　"신이 이제서야 말한 사람을 생각해 냈습니다. 신의 외삼촌 이백강李伯剛의 집에서 심부름하는 김한金閑이 제 외종질 조수명曹守命에게서 듣고 저에게 이 말을 한 것입니다."

　임금이 승정원을 통해 물으니 김한이 말하였다.

　"조수명이 윤4월에 해주海州에서 아버지 장례를 마치고 돌아와 '내가 해주 박장명朴長命의 집에 이르니 한 눈먼 여자가 굶주림이 심하여 죽은 아이의 시체에서 고기를 취하여 먹었다'고 하였습니다."

　조수명이 말하였다.

　"윤4월에 아비의 병 소식을 듣고 황해도 해주에 갔는데 아비가 이미 죽었으므로 바로 묻었습니다. 어미가 말하였습니다. '올해 우리 도에 굶주리고 병들어 죽은 사람이 많아 개천과 구렁에 뒹구는 시체가 몇 천인지 모른다. 네가 와서 부친을 장사지냈으니 다행이다.' 제가 서울에 돌아와서 이 말을 김한에게 하였고 다른 말은 하지 않았습니다."

김한과 조수명을 서로 대질시키니 옥신각신하여 결말이 나지 않았다. 여러 승지들이 따져 물으니 그제서야 승복하였다.

임금이 말하였다.

"이계린이 처음 말한 사람을 덮어 주려고 대관에게 들었다고 했으니 그 꾀가 교활하다. 그러나 발언한 사람을 밝혀 냈으니 형조로 하여금 추국하지 말고 다시 부임하게 하라. 또 사람 고기를 먹는 것은 진실로 괴이한 일이니 어찌하면 좋겠는가?"

승정원에서 아뢰었다.

"마땅히 조정의 신하를 뽑아서 조수명을 데리고 해주에 가서 그 소문을 추적하여 사실을 밝히소서."

드디어 수승문원사守承文院事 강맹경姜孟卿에게 명하여 가서 소문을 조사하게 하였다.

_ 세종 29년(1447, 정묘) 11월 16일

수승문원사 강맹경이 해주에서 돌아와 조수명이 고한 말이 거짓이고 허망한 것이라고 아뢰었다. 김한과 조수명을 의금부에 내려 다시 국문하였다. 이어서 이계린을 파면하고 신자근申自謹을 황해도 도관찰사로 삼았다.

_ 세종 29년(1447, 정묘) 11월 25일

6-9. 백성들을 속인 사기꾼들

요망한 말을 하고 다닌 이용

충주에 사는 선군船軍: 배 모는 군사 이용李龍이 요망한 말을 하였다.

"나는 늘 아미타불阿彌陀佛을 염불한다. 어느 날 음성 가섭사迦葉寺 골짜기에 이르러 큰 소리로 염불하고 있었는데 문득 공중에서 어떤 소리가 들렸다. 자세히 들으니 누군가가 작은 목소리로 나에게 말했다. '네가 무슨 소원이 있기에 이와 같이 염불을 하느냐?'

우러러 쳐다보니 황색·백색·흑색 세 가지 빛깔의 구름 속에 둥근 구멍이 있었다. 그 사이에 세 부처가 함께 앉았는데 모두 흰색이었다. 나는 몹시 두려워서 물러나 우거진 풀숲에 꿇어앉아 합장하고 답하였다.

'저는 다른 소원은 없습니다. 역병으로 아버지가 돌아가셨으며 집이 가난하여 밥을 빌어먹고 있습니다. 허니 풍년이 들어 나라가 태평하고 백성들이 편안하기를 원할 뿐입니다.'

부처가 대답하였다.

'근년에 바람과 비가 고르지 않고 풍년이 들지 않았다. 이것은 대마도에서 온 귀신 들린 사람 때문이니 대접하여 돌려보내면 풍년이 들 것이다. 또한 동방에서 온 회회回回: 아라비아 생불生佛이 9월부터 석 달 동안 우리나라 땅을 돌아다닐 것이다. 만약 생불이라고 해서 회회생불의 형상을 만든다면 육지와 바다에서 재변이 생길 것이다. 그때 그 부처의 형상을 쏘거나 때리면 나라가 다시 태평해질 것이다. 오는 정월 초하룻날과 15일에 생쌀 한 그릇과 밥 한 그릇을 장만하여 하늘에 제사를 지내라. 그러면 임금은 부처가 되고 신하들은 모두 부처의 땅에서 노닐며 지극히 즐거울 것이다.'

내가 이 말을 듣고 다시 꿇어앉았다. 우거진 숲이 흔들리며 장끼 두 마리와 까투리 한 마리가 높이 날아 곧장 올라갔다. 다시 하늘을 쳐다보니 구름 속에 둥근 구멍이 사라져 부처의 형체가 가리워지며 구름 속에서 이런 말이 들렸다.

'네가 시기에 맞추어 위에 아뢰지 않으면 이 말은 효험이 없을 것이다. 그러면 3, 4월에는 가물고, 5, 6월에는 물난리가 있을 것이다.'

조금 후에 그 삼색 구름이 바로 가섭산 꼭대기로 올라가 흩어 졌다."

임금이 의금부에 내려 형률대로 다스리게 했다. 그러나 잠시 후에 논죄하지 말고 놓아 보내라고 명하였다.

_ 세종 5년(1423, 계묘) 1월 12일

백성을 등쳐 먹은 사기꾼들

사노私奴 박막동朴莫同, 악공樂工 최대평崔大平, 백성 김유金宥 등이 서로 짜고서 길 가는 백성들에게 사기를 쳤다. 납 조각을 일부러 길 가운데 떨어뜨리고는 행인이 주으면 뒤따라가서 이렇게 말 했다.

"아이고. 값비싼 은 조각을 길 가다 그만 잃어버렸네. 만일 주 운 사람이 있으면 내가 그 값을 치를 텐데…."

이 말을 듣고 납 조각을 주운 사람이 내어 보이면, 반가운 척 하면서 이렇게 말했다.

"이것이 바로 내가 잃어버린 그 은 조각이오. 그런데 당장은 보답할 물건이 없소."

잃어버렸다는 자가 이렇게 말하고 답답한 표정을 짓고 있으 면, 일당 중 한 사람이 길 가는 사람인 척 다가가 이렇게 말했다.

"당신의 그 보물은 길에서 잃어버렸으니 이미 당신 소유가 아니오. 원래 주운 사람이 갖는 법이오. 그렇더라도 주운 사람이 원래 주인에게 반값이라도 쳐주는 게 좋겠소."

주운 사람이 이 말을 듣고 가졌던 의복과 잡물을 내주고 값을 치렀다. 이렇게 사기 친 일이 여러 번이었다. 이번에 발각되어 의금부에서 심문하니 죄를 모두 자복하였다.

형률에 의거하여 두목인 박막동은 곤장 1백 대를 맞고 수군에 충원되고 가산은 관청에서 몰수하였다. 일당인 최대평과 김유는 곤장을 치게 하되 차등이 있게 하였다.

_ 세종 8년(1426, 병오) 4월 7일

주술을 부리는 사람들

함길도 감사가 아뢰었다.

"도내의 여러 고을에 저주하는 사람들이 있었습니다. 그 중 한 여인이 뱀의 그림을 음식에 넣고 주문을 외워 어떤 남자에게 먹이니 그 자가 배가 아프다며 쓰러졌습니다. 이에 곰취 뿌리를 달여 먹이니 뱀 세 마리가 뱃속에서 나왔습니다. 그 중에 두 마리를 죽이고, 한 마리는 개에게 먹였더니 그 개가 사흘 만에 죽었습니다. 죽은 개의 배를 갈라 보니 그 뱀이 살아 있었습니다.

각 고을의 저주하는 사람들을 잡아들여 여러 해 동안 옥중에 두었더니 다 목을 매어 자살하고 두 여인만이 남았습니다. 두 여인의 죄상이 명백히 밝혀지지 않아서 오랫동안 옥중에 갇혀 있으니 억울함이 적지 않습니다. 형벌을 삼가는 뜻에 위배되니 석방시키는 것이 어떻겠습니까?"

임금이 그대로 따랐다. 이어서 말하였다.

"저주하는 일은 옛글에도 실려 있으나, 그림 속 물건이 살아났다는 것은 기록에서도 보지 못하였다. 예전 평안도의 어떤 사람이 저주를 부려 사람을 죽게 한 일이 있었다. 그 옥사獄辭를 상고하여 아뢰도록 하라."

_ 세종 13년(1431, 신해) 5월 13일

참고자료 | 조선왕조실록 속 관직명

간관諫官 : 사간원(司諫院)과 사헌부(司憲府)에 속하여 임금의 잘못을 간(諫)하
　　고 백관(百官)의 비행을 규탄하던 벼슬아치.
감역관監役官 : 조선시대 선공감(繕工監)에 두었던 종9품 관직으로, 궁궐과 관
　　청의 건축 및 수리 공사를 감독하였다.
경력經歷 : 종4품 관직으로 조선 초기에는 충훈부(忠勳府)·의빈부(儀賓府)·의
　　금부(義禁府)·개성부(開城府)·강화부(江華府)·오위도총부(五衛都摠府)·
　　중추부(中樞府) 등에서 행정실무를 맡아 보았는데, 후기에는 충훈부·의빈
　　부·의금부의 경력은 폐지되고, 오위도총부에는 4명을 증원하고, 강화부와
　　광주부는 잠시 두었다가 판관으로 바꾸었다.
관찰사觀察使 : 조선시대 문관의 종2품 외관직(外官職)으로 감사(監司)라고도
　　한다. 지방의 도(道) 또는 부(府)의 장관으로, 병마절도사(兵馬節度使)·수
　　군절도사(水軍節度使)의 무관직을 거의 겸하고 있었다. 조선 초기에는 안
　　렴사, 관찰사 등의 이름으로 자주 바뀌었다가 세조 때부터 관찰사로 명칭
　　이 굳어졌다. 중앙의 명령을 따라 정사를 시행하였지만, 자기 관하의 수령
　　(守令)을 지휘 감독하며 사실상 경찰·사법·징세권을 행사함으로써 지방행
　　정상 절대적 권력을 가졌다. 관찰사의 관아를 감영(監營)이라고 하며, 일반

민정은 감영에 속한 이(吏)·호(戶)·예(禮)·병(兵)·형(刑)·공(工)의 육방(六房)에서 행하고, 이를 지방민에서 선출된 향리로 담당하게 하였다.

교리校理 : 집현전(集賢殿)·홍문관(弘文館: 궁중의 경서와 사적의 관리, 문한의 처리 및 왕의 자문에 응하는 일을 맡아 보던 관청)·승문원(承文院: 외교문서를 담당한 관청)·교서관(校書館: 경적經籍의 인쇄, 반포 및 제사에 쓰이는 향과 축문에 관한 일 등을 관장) 등에 속하여 문필에 관한 일을 맡아 보던 관직으로, 정5품 또는 종5품이었다.

대광보국숭록대부大匡輔國崇祿大夫 : 정1품 문무관(文武官)에게 주던 최고 품계. 정1품의 상계(上階)로서 보국숭록대부(輔國崇祿大夫)보다 상위 자리이다. 1392년(태조 1) 7월 관제를 새로 정할 때 만들어졌으며, 그 처(妻)에게는 정경부인(貞敬夫人)의 작호가 주어졌다.

대사간大司諫 : 사간원의 으뜸 벼슬로 정3품이다. 임금에게 간언하는 일을 맡아 보면서, 다른 사람의 상소를 임금에게 올리는 일도 맡았으므로 학식과 경험이 풍부한 사람이 임명되었다. 아래로 사간(司諫: 종3품), 헌납(獻納: 정5품) 각 1인, 정언(正言: 정6품) 2인을 두었다.

대사헌大司憲 : 사헌부의 으뜸 벼슬로 종2품이며, 정원은 1인이다. 현실 정무(政務)를 논평하고, 모든 관료를 규찰하며 풍속을 바로잡고, 외람되고 거짓된 것을 금하는 등의 일을 관장했다. 아래로 집의(執義) 1인, 장령(掌令)과 지평(持平) 각 2인, 감찰(監察) 13인을 감독하고 통솔하였다. 대사헌 이하 집의·장령·지평까지의 사헌부 소속 관원을 통칭 대관(臺官)이라고 하였는데, 모든 대관은 사헌부의 청환직(淸宦職)으로, 문과 급제자 중 청렴 강직하여 시류에 영합하지 않고, 옳다고 믿는 바를 굽히지 않고 직언할 수 있는 인물이어야 하므로, 승문원(承文院)·성균관(成均館)·홍문관(弘文館) 등을 거친 젊고 기개가 있는 인재들이 임명되었다.

도승지都承旨 : 승정원(承政院)의 으뜸 벼슬. 왕명을 전달하거나 신하들이 왕에게 올리는 글을 상달하는 일을 맡아 보았다.

봉교奉敎 : 예문관(藝文館)에 두었던 정7품 관직. 봉교 이하 검열(檢閱)까지를 통칭하여 한림(翰林)이라 하였다.

빈객賓客 : 조선시대에 세자의 교육을 담당하던 세자시강원 소속의 정2품 관직. 정원은 2인으로, 좌빈객과 우빈객 각 1인이 있었으며, 겸관(兼官)이었다.

사직司直 : 조선시대 오위(五衛)에 두었던 정5품 서반 무관직. 봉급을 지급하기 위하여 임명한 관직으로 실무는 없었다.

승지承旨 : 승정원의 정3품 관직. 도승지(都承旨)·좌승지(左承旨)·우승지(右承旨)·좌부승지(左副承旨)·우부승지(右副承旨)·동부승지(同副承旨) 등 여섯 승지를 말하며, 왕명의 출납을 담당하였다. 태종 원년(1401)에 대언(代言)으로 명칭을 바꿨다가 후에 다시 승지로 고쳤다.

시독관侍讀官 : 조선시대 경연청(經筵廳)에 두었던 정5품 관직으로 임금에게 경서(經書)를 강의하였다. 홍문관(弘文館)의 교리(校理)와 부교리(副校理)가 겸직하였다.

영사領事 : 조선시대 삼사(三司), 돈령부(敦寧府: 조선시대 종친부에 속하지 않은 종친과 외척을 위해 설치되었던 관서), 경연(經筵), 집현전 (集賢殿), 홍문관(弘文館), 예문관(藝文館), 춘추관(春秋館), 중추부(中樞府) 등의 으뜸 벼슬.

영춘추관사領春秋館事 : 고려·조선시대 춘추관에 두었던 정1품 관직으로, 영관사(領館事) 또는 영사(領事)라고도 함. 영의정이 겸임하였다.

원상院相 : 조선시대 국왕이 병이 났거나 어린 왕이 즉위하는 등 정상적인 국정(國政) 수행이 어려울 때 승정원에 나와 왕을 보좌하고 육조를 통할했던 임시 관직으로 원임(原任)·시임(時任)의 재상들로 구성되었다.

응교應敎 : 홍문관과 예문관의 정4품 관직. 학문 연구와 임금이 훈유하는 명령 글을 짓는 일이 주된 직무였고, 경연관(經筵官)의 일원이 되기도 하였다.

장령掌令 : 사헌부의 정4품 관직. 장령을 포함한 대간은 사헌부의 기간요원이기 때문에 그 직무가 막중하였으므로 소신을 굽히지 않고 직언할 수 있는 강직한 젊은 엘리트들이 임명되었다.

전랑銓郎 : 조선시대 문무관의 인사행정을 담당하던 이조와 병조의 정5품관인 정랑과 정6품관인 좌랑직의 통칭. 특히 여론 기관인 삼사의 관리를 임명하고 자신의 후임을 추천할 수 있었던 이조전랑이 중시되었다.

정언正言 : 사간원의 정6품 관직. 간관으로서 국왕에 대한 간쟁(諫諍)과 봉박(封

駁: 임금에게 글을 올려 일의 옳지 아니함을 논박함)을 담당했다. 그러나 실제 임무는 훨씬 폭이 넓어서, 사간원의 다른 관료 및 사헌부·홍문관의 관료와 함께 간쟁·탄핵·인사 등에 대한 언론과 경연(經筵)·서연(書筵)의 참여 및 인사 문제와 법률 제정에 대한 서경권(署經權), 국문(鞫問) 및 결송(決訟) 등에 참여하였다.

좌대언左代言 : 조선 초기 승추부(承樞府)와 승정원(承政院)의 정3품 관직. 왕명의 출납을 맡아 보았다.(→승지 참조)

좌랑佐郎 : 조선시대 육조(六曹)의 정6품 관직으로 정랑(正郎) 다음 직급이었으며, 중견 행정 실무자들이었다.

주서注書 : 승정원의 정7품 관직으로, 특히 『승정원일기』의 기록을 담당하였다.

지사知事 : 돈령부(敦寧府: 조선시대 종친부에 속하지 않은 종친과 외척을 위해 설치되었던 관서)·의금부(義禁府)·경연(經筵)·성균관(成均館)·춘추관(春秋館)·중추부(中樞府)·훈련원(訓鍊院)의 종2품 벼슬로, 모두 겸직이었다.

지사간원사知司諫院事 : 사간원에 소속된 종3품 관직. 태종 원년(1401)에 문하부 낭사(門下府郎舍)가 사간원으로 독립되면서 직문하(直門下)가 지사간원사로 명칭이 바뀌었다가 세조 12년(1466)에 사간(司諫)으로 개칭하면서 폐지되었다. 법제적으로는 사간원 본래의 업무인 간쟁(諫諍)과 봉박(封駁), 서경(署經) 등의 일을 맡아 보도록 되어 있었으나 실제로는 사헌부와 집현전의 관원들과 함께 언관(言官)으로서 필요에 따라 광범위한 임무들을 수행했다.

지신사知申事 : 조선시대 왕명의 출납을 담당하던 승추부(承樞府)와 승정원의 최고위 관직인 도승지(都承旨)의 별칭이다. 정2품으로 왕명의 출납(出納)을 맡았다.

지인知印 : 함경도와 평안도의 큰 고을에 두었던 향리직 중 하나로 지방행정 및 군사에 관한 일을 맡았다. 1414년(태종 14)에는 서울의 육조에도 녹사(錄事)와 함께 지인직을 설치하였으나 곧 폐지되었다.

지중추원사知中樞院事 : 조선 초기 궁궐을 수비하며 군사 기밀을 전달하는 등 군사 관계를 맡았던 중추원의 종2품 관직.

지춘추관사知春秋館事 : 조선시대 춘추관의 차관급 관직으로, 좌의정과 우의정이 겸임하였다.

지평持平 : 조선시대 사헌부의 정5품 관직. 백관의 비위 사실에 대한 탄핵권과 인사 및 법률 개편의 동의 혹은 거부에 관한 서경권(署經權)을 가지고 있었다. 때문에 지평은 이조전랑(吏曹銓郎)과 함께 대표적인 청요직(淸要職: 청빈함이 요구되는 직책)으로 인식되었다.

집의執義 : 사헌부의 종3품 관직. 대사헌(大司憲) 이하 장령(掌令)과 지평(持平)까지의 다른 사헌부 관원과 함께 통칭 대관(臺官)이라 불렸다.

찬성사贊成事 : 고려 후기 첨의부(僉議府)의 정2품 관직으로, 조선 건국 직후인 1392년에는 문하부의 종1품 관직으로 시랑찬성사와 찬성사가 1인씩 두어졌는데, 이후 1414년(태종 14년)에 동판의정부사(同判議政府事)로 개칭되고 같은 해에 다시 좌참찬·우참찬으로 바뀌었다가 다음해에 좌참찬은 찬성으로, 우참찬은 참찬으로 개편되었다.

참의參議 : 조선시대 육조에 소속된 정3품 당상관(堂上官)으로 정원은 각 1인씩 총 6명이다. 참판(參判) 다음 직책으로 각 조의 참판과 함께 판서를 보좌하면서도 판서와 대등한 발언권을 지니고 있었다.

판교判校 : 외교문서에 관한 일을 맡아 보던 승문원(承文院)과 경서(經書)의 인쇄 및 발행을 맡아 보던 교서관(校書館)에 각각 두었던 정3품 관리.

판서判書 : 육조의 장관으로 정2품 관직. 1405년(태종 5)에 설치하여 1894년(고종 31)에 폐지되었다. 개국 초에는 전서(典書)로서 지위가 낮아 정치에 깊이 참여하지 못하였기 때문에 1405년(태종 5)에 판서로 고치고 품계도 정2품으로 올려 의정부에서 관장하고 있던 실권도 물려받았다. 지방 행정·군정·외교 등을 위한 도순문사(都巡問使)·도순찰사(都巡察使)와 중국에 파견되는 각종 사신 및 중국의 칙사를 위한 각종의 지대사(支待使) 등에 차출되었다.

헌납獻納 : 사간원의 정5품 벼슬. 여타의 사간원·사헌부·홍문관 관원과 함께 각종 언론 활동을 전개하였다.